好好做爸爸

男人最有价值的投资

方州◎编著

☰ 中国华侨出版社
·北京·

图书在版编目 (CIP) 数据

好好做爸爸：男人最有价值的投资 / 方州编著 .—北京：中国华侨出版社，
2014.5（2024.11 重印）

ISBN 978-7-5113-4628-5

Ⅰ．①好… Ⅱ．①方… Ⅲ．①家庭教育
Ⅳ．① G78

中国版本图书馆 CIP 数据核字（2014）第 108143 号

好好做爸爸：男人最有价值的投资

编　　著：方　州
责任编辑：刘晓燕
封面设计：胡椒书衣
经　　销：新华书店
开　　本：710 mm×1000 mm　1/16 开　　印张：12　　字数：130 千字
印　　刷：三河市富华印刷包装有限公司
版　　次：2014 年 8 月第 1 版
印　　次：2024 年 11 月第 2 次印刷
书　　号：ISBN 978-7-5113-4628-5
定　　价：49.80 元

中国华侨出版社　北京市朝阳区西坝河东里 77 号楼底商 5 号　邮编：100028
发 行 部：（010）64443051　　传　　真：（010）64439708

如果发现印装质量问题，影响阅读，请与印刷厂联系调换。

前言

　　我们的宝宝在两个月左右大的时候，就已经能够分辨出爸爸和妈妈了。他们张开肥嘟嘟的小手，在寻找母爱安慰的同时也在寻找父亲的关怀。小小的宝宝虽然还不能表达他们的感受，但他们却能够实实在在地感受到爸爸和妈妈的存在。所以爸爸们不要以为孩子还小，不能表达，就可以偷懒，把责任推给妈妈。诚然，幼儿教育的主要担当者的确是妈妈，但这并不意味着可以将教养子女的任务完全交给妈妈。成为妈妈的一名好帮手，这是爸爸在家庭教育上应负的职责，因为良好的家庭教育氛围，不是妈妈一个人可以营造出来的。做爸爸的下班回家，在说太忙了、太累了之前，应好好想想，你尽到自己的责任了吗？事实上，爸爸在幼儿成长过程中是一个具有绝对影响力的角色，这一点，年轻的爸爸们你们又意识到了吗？

　　很多调查早已指出，爸爸如果在儿童成长过程中扮演一个重要的角色，正式入学以后，这个孩子在智商、情商等方面的发展都会较其他的小朋友优越。特别是在数理和推算方面，成绩更是骄人。

　　那么缺乏父爱的孩子又会怎样呢？他们在性格方面会有一些明显的缺点，比如胆小怕事、害羞内向、优柔寡断、自卑、自私及神经质，等等。这些结论或结果固然不是绝对的，但爸爸在孩子成长过程中的作用却毋庸置疑。这其中表现最为明显的，就是爸爸与妈妈教育方式的差异，换言之，爸爸的角色绝不是妈妈可以代替的。

一般来说，爸爸在和孩子相处时，更愿意花时间玩一些益智类游戏，他们会与孩子一起寻找游戏答案。当孩子玩游戏遭遇挫折时，爸爸也会较有耐性地去诱导孩子自己寻求解决办法，而不是如母亲一般，更愿意直接把答案告诉他们。爸爸与妈妈即使在做同样的事情，诸如换尿片、喂奶，他们的做法也是大不一样的。而且，即便是全职奶爸，没有其他工作，他们在照料自己的孩子时，所采用的方法也会和母亲有所差异。这并没有什么不好，爸爸没有必要要求自己与妈妈做得一般无二。只要你尽到了自己的责任，用心地与孩子相处，孩子就一定会有所得益。因为你所拥有的性格刚毅、心胸开阔、经验丰富等长处，对孩子而言更是一种优势。

所以爸爸们，为了孩子，请务必发挥出你的独特作用，好好做爸爸，做个好爸爸。

好爸爸就是，在妈妈力不从心的时候站出来，好爸爸应该是妈妈的好帮手；

好爸爸就是，在孩子需要你的时候牵起他肥嘟嘟、软绵绵的小手，好爸爸的作用要胜过一个好老师。

好好做爸爸，你会为孩子重新思考自己；

好好做爸爸，孩子会因你变得活泼开朗、聪明美丽……

目录

Father

上 篇

做爸爸，你准备好了吗

一 好爸爸，首先要让孩子感受到你的爱 / 002

　　爱孩子就不能高高在上 / 002

　　引导孩子走出恐惧 / 004

　　让孩子的世界充满童话 / 007

　　做大耳朵小嘴巴的好爸爸 / 009

　　教育孩子需要有"三心" / 011

二 好爸爸会反思：我的教育方式对不对 / 018

　　如何把握斥责的度 / 018

过度保护会让孩子弱不禁风 / 022

大包大揽扼杀孩子的生存能力 / 024

比来比去比伤了孩子的自尊心 / 028

淘气未必是不好的 / 030

三　好爸爸就要做好孩子的第一任老师 / 033

家庭环境影响孩子一生 / 033

与妈妈保持立场的一致 / 036

别用谎言哄骗孩子 / 038

爸爸对孩子也要遵守诺言 / 040

不要忌讳向孩子请教问题 / 044

中篇

如何做一个新时代的好爸爸

一　好爸爸知道：潜能影响孩子的一生 / 050

教子成龙从培养孩子主动性开始 / 050

孩子手巧心会更灵 / 053

有想法的孩子才有出息 / 054

陪孩子玩出精彩 / 057

允许孩子"搞破坏" / 060

二　好爸爸懂得：备加呵护孩子的心灵 / 064

警惕无意间伤了孩子的自尊心 / 064

别让孩子瞧不起自己 / 068

赞赏可以创造奇迹 / 072

给孩子"天才的感觉" / 076

谨防有意无意地心理虐待 / 079

三　好爸爸明白：性格需要倾心去塑造 / 083

让消极性格远离孩子 / 083

融化孩子的冷漠 / 087

别把孩子夸上天 / 090

让孩子认识到自己的不足之处 / 093

对任性的孩子要因势利导 / 096

四　好爸爸懂得：习惯务必全力去培养 / 100

爸爸细心孩子才能心细 / 100

用"记过法"改掉孩子的陋习 / 103

用"代币法"逐步纠正孩子的坏习惯 / 107

使用"隔离法"及时终止不良行为 / 110

凡是孩子自己能做的就让他自己做 / 114

让孩子为自己的错误负责 / 118

 下篇

好好做爸爸，陪伴孩子健康成长

一　宽严有度，既要是"慈父"又要是"严师" / 122

不讲原则地迁就孩子就是害孩子 / 122

让孩子在挫折中变得坚强 / 126

罚小错是为了免大过 / 129

更多地给予孩子精神嘉奖 / 131

严中还需有宽容 / 134

二　**循序渐进，引领孩子更好地融入人群** / 138

让孩子学会换位思考 / 138

多提供给孩子与人合作的机会 / 141

引导孩子融到集体中去 / 143

教孩子正确处理与小朋友的冲突 / 146

在孩子的择友问题上表明态度 / 149

三　**悉心诱导，帮孩子跨过厌学的泥潭** / 153

培养学习能力是培养孩子的重要环节 / 153

巧妙培养孩子的学习竞争意识 / 156

帮助孩子走出"成绩怪圈" / 161

玩中有学学中有乐 / 164

培养孩子学习时候的专注力 / 168

四　细心疏导，从容解决那些棘手的问题 / 171

及早做好性别角色教育 / 171

青春期的叛逆宣告着渴望独立 / 175

耐心疏导化解逆反 / 177

驯化家中的"小霸王" / 180

Father

上篇

做爸爸，你准备好了吗

一

好爸爸，首先要让孩子感受到你的爱

在家庭与工作之间忙碌奔波的你，也许会忽略孩子对爱的需要。你也许不知道，能够感受到"被爱"的孩子，在成年以后往往就有更好的社交能力，工作学习起来也有热情。这是因为你的温暖会给孩子以安全感，使他们更敢于探索，更敢于走出家庭、走向社会，他们会更自立、建立更好的生活圈。所以，你完全有理由也必须有意识地表达你对孩子的爱，你有义务让孩子沐浴在爱的阳光中。

爱孩子就不能高高在上

很多爸爸常困惑地问："为什么孩子有话不愿意对我说？"其实原因就是爸爸们总是爱摆出一副高高在上的样子，因此孩子们尊敬他们，但却无法理解他们，总觉得跟爸爸缺少"共同语言"。如果爸爸期望孩子能够接受自己、接近自己，那么就必须要放下高姿态，在家庭中建立起民主、平等的良好气氛。

在美国，父母们认为，大人必须平等地对待孩子，和孩子成为好朋友，才能成为称职的家长，才能教育好孩子。我们可以看一下，一位美国爸爸是怎样教育他的孩子的。

弗兰克是美国阿肯色州的自由职业者，他在教育孩子方面下了很多功夫。他说自己一直在努力为孩子提供一种民主的家庭气氛，他和孩子的关系就像朋友一样友好亲密。

对孩子的平等姿态是良好沟通的开始，他将孩子描述理想的作文保留下来，将孩子们的学习成绩、身高等按逐年变化绘制成曲线图，从小就教他们唱歌、游泳、划船、钓鱼，带他们到博物馆参观、看展览、看歌剧，有空还带他们到大自然中去呼吸新鲜空气……

在各种活动中，他不会因为自己是家长就不容置疑，摆出什么都对、什么都懂的样子，而是尽量去做能给予孩子知识和欢乐的最知心、最亲密、最可信赖的朋友。遇到比如搬家、换工作、买车之类的事情时，他就会召开家庭会议，与妈妈一起和孩子商量该怎么做；还组织家庭音乐会，并将每个人唱的歌录制在磁带中。由于家庭气氛民主和谐，孩子们生活得无忧无虑。

这样，他的孩子有事就会跟爸爸妈妈讲，从不在心里放着，出门说"再见"，进门先打招呼，做饭当帮手，饭后洗碗、擦桌、扫地；平时买菜、洗菜，给父母盛饭、端汤、拿报纸、捶背；有时父母批评过了头，他们也不会当面顶撞，而是过后再解释。他常对孩子讲："我们是父子，也是朋友，我和妈妈有义务培养教育你们，也应该得到你们的帮助，你们长大了，会发现我们有很多的不足之处，发现我们很多地方不如你们，这是正常的。因此，我们要像朋友一样互相谅解、互相帮助。"

在这个美国家庭中，不管是家长，还是孩子，都是平等的，孩子提出的看法，爸爸妈妈都认真考虑，有道理的就接受；而爸爸妈妈的想法也都和孩子讲，共同商讨。这样，就让孩子觉得自己在家里有地位、受重视，所以也就对家庭更加关心。

如果中国的父母也都能这样运用对等手段与孩子相处，也许就不会有那么多家庭问题了。家长与孩子之间不应是统治与被统治的关系，而应像朋友一样平等、自由。当然，这并不意味着家长要完全迁就孩子，好爸爸还是要负起引导的责任。

引导孩子走出恐惧

人的胆量的正常变化呈现 U 字形特点：开始的时候孩子年纪小，生活经验贫乏，不懂得什么是危险，也就表现得很胆大，所谓"初生牛犊不畏虎"说的就是这个道理。随着年龄不断增加，孩子的害怕心理随着年龄的增加而增长，可以说害怕是在与外部世界进行交流的过程中出现的。到了成年，随着对世界的本来面目的了解，值得害怕的东西就越来越少了。在这种意义上说，"恐怖源于无知"这句名言是很有道理的。

孩子的恐惧心理严重，往往容易形成胆怯、畏缩不前的性格，从而导致心理不健康。为此，对孩子的害怕心理，爸爸不可不重视，务必要弄清原因，具体对待，采取有效的措施加以预防。

孩子出现恐惧，这是很正常的，关键是我们怎样帮助孩子摆脱恐惧。以下有一些方法提供给爸爸们，大家一起去学习一下。

1. 鼓励孩子说出恐惧。

精神治疗师罗伯特·达施说："父母对孩子恐惧心理的最大帮助是，听听他说明自己为何恐惧。"但事实上，很多家长做不到这一点。我们假设这样一种场景，一个怕狗的孩子在对爸爸说出自己怕狗以后，爸爸居然说："狗有什么好怕的？"这显然是非常不合适的，这位爸爸把孩子的恐惧当成了"无稽之谈"，这是一种伤害，因为他们很容易从不了解中扩大误解。正确的方法应该是：给孩子讲一些忠犬与主人的故事，引导他们对"狗"这种动物进行更深入的了解，逐渐消除其恐惧心理。

2. 不要嘲笑或惩罚他。

骂孩子"胆小鬼"只会收到相反的效果，同时也是对孩子的不尊重。切记，孩子不是恐惧的制造者，而是受害者。让孩子明白，爸爸的确了解他的恐惧，愿意和他一起克服恐惧，这才是好爸爸该做的事情。

3. 多点贴心的理解。

爸爸要尝试去了解孩子的恐惧。比如孩子表示自己怕鬼，爸爸最好能非常认真地陪他到床底下、壁橱内张望一下，甚至在夜里和他一起"守夜抓鬼"，好让孩子确定真的没有鬼在作怪——要知道，这种方式往往比讲大道理有效！

4. 留意孩子的紧张迹象。

如果孩子的恐惧已持续了一段时间，而且没有削减的趋势，爸爸最好找一位有经验的心理医师、儿童心理学家或教育专家，进行追踪检查与治疗。

总而言之，爸爸要让孩子从小就体会到父母是关心他们的，家庭是温暖的，生活是美好的。让孩子明白，即使碰到困难，也是可以克服的。要鼓励孩子了解世界，让孩子在知识的增长中对恐惧进行"脱敏"，才是训练孩子胆量的根本办法。

需要强调的是，一般而言，孩子的害怕心理多半是被恐吓出来的。孩子年幼无知，受到恐吓就会产生害怕心理。这种情况很多时候正是由父母造成的。当孩子不听话或不顺从大人意志时，许多父母为图省事或无能为力，喜欢用恐吓的方法使孩子就范。而孩子，最相信父母的话，他们受到恐吓后，只知道害怕，而不知道为什么可怕，这种害怕心理对孩子的身心发育极为不利，而且使他们对外界产生错误认识。

所以，爸爸们一定要注意，孩子哭闹时，应耐心、和蔼地劝解，以缓和孩子的激动情绪，并转移他们的注意力，使孩子对我们提出的新问题产生兴趣，从而自然地终止哭闹。至于孩子睡眠、吃饭、穿衣等问题，大人要用讲故事、表扬、鼓励等方式启发、诱导孩子重视大人的要求，切忌使用恐吓的方法。

此外，孩子感觉到客观上实际存在的威胁、压力，而无力对付时，也会产生害怕心理。幼儿园大班孩子往往有这种心理，例如，迟到了不敢进幼儿园，受大孩子威胁后不敢出门，等等。这种害怕心理光靠讲道理是难以消除的，应该教给孩子克服那些威胁的压力的方法（如动作快，以免迟到），或改变客观状况（如处理好与其他孩子的关系）。而在这之前，家长应该承认这种害怕是有道理的。对于确实危险的事情或孩子难以适应的突然惊吓等，应给予保护，向他们讲明道理。

让孩子的世界充满童话

童话是通过幻想创造的情境和形象来曲折地反映生活的，可以在娱乐中对孩子进行启发和教育。同时，童话具有浅显通俗、亲切风趣的特点，适应孩子的智力发展和心理特点。可以毫不夸张地说，任何孩子的成长都必须经历一个从童话世界走向现实世界的阶段。童话世界所打下的基础直接影响现实世界孩子的素质。

"童话"如此重要，爸爸应该怎样去做，才能让孩子尽情地遨游美丽的"童话世界"中？我们可以从以下几个方面入手：

1.让孩子的居室体现童话环境。

叶圣陶先生说过："图画不单是文字的说明，且可拓展儿童的想象，涵养儿童的美感。"很多父母都为自己的孩子开辟了小房间，即便居室面积有限，也为孩子划出了一角。在这片属于孩子的天地里，爸爸要表现出足够的细心，比如在墙壁上张挂些动物图画、幼儿活动图片，在桌子上放些动植物的工艺品等。家具样式应该小巧、别致、活泼、亲切，颜色最好丰富多彩一点，最好不要选用单调压抑的色彩。一般来说，要根据孩子的心理特点，体现出大自然欢畅、明丽的风格。孩子的床单、被面、枕头、窗帘、衣裤、鞋帽等生活用品都可以有童话图案。

2.经常用童话熏陶孩子。

一般情况下，孩子从 3 岁起就已经由简单的词汇向句子表述发展了，句子结构由短到长，表达的意思也由简单到复杂。在这段时期，孩子的语言发展水平与智力发展水平是成正比的。因此，这个时候爸爸要尽量多给孩子讲些童话，这是训练孩子语言能力的最佳方法。有很多童话词汇是孩子很容易记住的，比如"月亮妈妈"、"星星宝宝"、"大风伯伯"、"太阳公公"、"牛伯伯"、"马叔叔"……

爸爸在陪伴宝宝的过程中，每看到一种景物，都可以用童话语言表述出来，然后让孩子跟着复述，比如看到牛羊鸡鸭狗等动物，爸爸就可以不断地鼓励孩子对它们进行描述，外貌、神态、动作、心理怎么样，它们的家在哪儿，去干什么，等等。时间长了，这种做法不仅训练孩子的语言能力，开发孩子的大脑，孩子也逐渐养成观察探索大自然的兴趣和习惯。

3. 让孩子听童话、看童话、讲童话。

童话对于孩子的吸引力是不言而喻的，孩子对于童话具有极强的适应能力。在孩子眼里，一切景、情、事、物都是童话，他们时时刻刻都在用童话的眼光和思维去观察和解释眼里的世界。面对这种情况，爸爸应该有计划、有步骤地为孩子购买童话书籍，并在一旁作必要的讲解指导，让孩子头脑里不断积累童话故事。同时，还可以让孩子听童话磁带，既可以训练孩子的听力水平，又可以开发孩子的想象力。而且，孩子的耳畔是美妙动听的童话语言，脑里是无尽美丽的想象。看动画片也是很必要的。动画片内容精彩，直观形象，可以用来训练孩子分辨是非的能力，开发大脑的潜力，帮助他们认识生活中的真善美与假恶丑。还可以安排一些时间让孩子听轻音乐，用优美的旋律来培养和谐的精神和愉快的情感。

另外，爸爸还可以经常带孩子去郊野、去农村，观察各种家禽动物，观赏迷人的自然风光，这样也可以逐步增加孩子对生活的感受和领悟，培养良好的意志和道德。

　　实践证明，长期感受"童话氛围"的孩子，其感知能力、理解能力、判断能力、鉴别能力、表达能力、想象力、模仿能力、动手能力、创造能力都会超过很少接触"童话氛围"的同龄孩子。这就要求年轻的父母们要想方设法为孩子成长创造契机，尽可能在家庭环境中创设"童话氛围"，潜移默化地启发熏陶孩子，提高他们的智力和心理素质。让孩子把童话当作认识世界的工具、走向生活的阶梯，一步步长大成人。

做大耳朵小嘴巴的好爸爸

　　可能一些爸爸已经逐渐意识到，倾听是亲子沟通的一项重要内容，是了解孩子、拉近彼此关系的有效手段。然而，在倾听过程中，爸爸们还是容易犯一些错误，比如说得太多，听得太少，这样往往会影响了沟通的效果。

　　多听少说，让孩子有表达心声的发言权，这是倾听孩子讲话的重要原则之一，爸爸们应该尽量多给孩子一些倾诉机会，自己则不要随便插嘴、说教。

　　薇薇从学校回到家中，看到爸爸正坐在沙发上看足球报，于是她把书包扔在桌上，坐到父亲身旁，生气地说："我今天被老师叫到办公室去了。"

　　"噢，是吗？"爸爸把报纸折好放在一边，转身面向女儿。

"老师说我上课总溜号，不是一个好孩子。"

"那你一定不开心吧。"

爸爸同情地点点头。

"我特别讨厌这个老师，她总是喜欢挑别人的错误。"

"是吗？"

"我讨厌上她的课，所以上她的课总是精神不集中，她真是让人讨厌。"

爸爸没有说话。

"我真希望学校能给我们换个老师。"

爸爸耸耸肩膀。

"不过我还得想办法适应她，学校不会因为我不喜欢她就换掉这个老师，如果再这么下去，我的成绩就会受到影响，这样做不大聪明，是吗？"

"是啊！好孩子，你说得对！"

"我觉得轻松多了！"薇薇拿起书包回了房间。

孩子在发泄怨气时，他只需要一个听众，一个听他诉说烦恼的听众。而父母在此时，完全不必对孩子说教，只要认真地听孩子把话说完就好，即使他说的是错误的。这不仅是尊重孩子的表现，也是在为进一步沟通打基础。比如在这个故事里，如果薇薇一直没想通的话，爸爸就可以在她发完怨气、心情平静后，再找她谈一谈，这个时候孩子已经恢复了理智，很容易接受正确的观点。

因此，当孩子出现问题时，爸爸首先要了解真相。方法之一，就是积极聆听，以同情与认同的态度，站在孩子的立场，让他尽情倾诉，不要打断孩子的说话，加插自己的意见与批评。否则，对孩子而言，也没有多大作用。专心倾听是父母的主要责任，孩子心中的感受得以抒发后，烦恼自然会消失一大半。

另外，爸爸们在倾听孩子讲话时还要注意两点：

1. 当孩子需要你倾听时，即使很忙碌，也不要对孩子说："我现在没空，以后再说！"倾听孩子的诉说，为我们提供了一次了解和教导孩子的机会。立即倾听孩子的谈话，有助于赢得孩子的信任，这样孩子才不会失望，才愿意把他所有的事都告诉我们。与此同时，他可以感受到他对于我们是多么重要，他也更爱我们。

2. 倾听不要摆姿态。如果我们一边做出倾听的样子，一边想着驳回的理由和转变他的想法的途径，完全不考虑孩子所述观点中的可取之处，只要不符合自己的看法就一概否定，内心深处还是认为以孩子的经验与认识又能懂得多少？如此反复几次，孩子便有上当的感觉，也就不会要你做他的听众了。

事实上，"大耳朵、小嘴巴"是最受孩子欢迎的父母，你不必刻意向孩子说教。爸爸以倾听者的身份给予孩子关注、尊重和时间，才是对孩子最有效的帮助。

教育孩子需要有"三心"

爸爸对孩子进行管教，尽量不要采用个人的、批评的和责怪的方式，而要充满爱心。爸爸教育孩子需要有"三心"——爱心、耐心和决心。具有"三心"，是成为一个好爸爸的诀窍。

孩子的成长、发展是一个长期的过程，爸爸需要耐心。当孩子犯了错误，爸爸应该耐心、严肃地讲解道理，让他信服，引导他明白自己的过失。同时，爸爸更要有愿为孩子牺牲自我的决心，爱而不纵，日日关心，时刻在心，诲而不倦，一定会有好的效果。

父母如果放得太松，会使孩子学坏，给社会造成危害。正确的方法是对孩子成长过程中出现的某些失误给予一些宽容，给孩子身心留有自由发展的余地。尊重和信任孩子，对孩子的个人兴趣爱好、初次出现的问题、后果轻微的以及生活小节问题等应从宽。

在我国传统的教育子女方式中，还有一样也是不太好的，那就是事后埋怨。

孩子没有认真地听父母的话，后来在实践的过程中果然就出了问题、出了差错、于是有的父母就喜欢埋怨："我早就说过了，你就是不信。现在闯了祸了吧?！"或："我再三跟你讲，提醒你，你不信。现在把事情弄坏了吧?！"这些埋怨已无济于事。至于子女没有听父母的话，出了错，这事实已得到了证明，无须做父母的再去提及，子女心中有数，也会后悔和反省。

在遇到挫折和失误时，孩子最需要的是同情、安慰以及如何克服当前困难的忠言。如果父母为了显示自己预见的正确性而反复埋怨，结果只能引起孩子的烦躁、苦恼和反感。

有一位爸爸当过三十多年老师，却犯了一个令他后悔莫及的错误。一天，他发现儿子在自己的屋子里烦闷地走来走去，非常替孩子着急。

他隐隐觉得，上高中的儿子在谈恋爱，碰到了什么挫折。他暗暗祈祷：儿子啊儿子，你可有点出息，别为这么点事想不开！一会儿，儿子出门了。

爸爸再也按捺不住急切的心情，想方设法撬开了儿子的抽屉，取出了儿子的日记。可是，当他翻开日记时，手却像被烫了一样，原来儿子在日记中夹了一张纸条，上面写着："谁都无权偷看我的日记，我有独立解决问题的能力！"

这位爸爸说："道高一尺，魔高一丈。我低估了孩子的能力。还是应该尊重孩子的隐私和独立性啊。"

尊重孩子，是因为孩子一出生，就是一个独立的个体，并且被认为是一个权利主体。他不是父母的附属物，他们的人格尊严受国际、国家和地方各种法律法规的保护，父母应该尊重孩子。上面这位父亲认为孩子能力高，才意识到要尊重孩子，其实是不正确的。从法律角度讲，无论孩子是否有这种"能力"，他们都应该得到有尊严的对待。

从另一角度来说，只有被人尊重，孩子才可能获得自尊，并可能学会尊重别人，而自尊和尊重他人是成为一个具有健康人格的人的首要条件。由于孩子年幼，自尊意识处于稚嫩状态，特别容易受到伤害，所以更应当给予保护。可以说，是否尊重孩子将对孩子一生的发展起到重要作用，值得爸爸们予以特别重视。要知道，没有信任就没有教育。

毫无疑问，每个爸爸都喜欢自己的孩子，但能否信任孩子却成了一个未知数，因为许多孩子的行为令爸爸们不解甚至反感，这怎么谈得上信任呢？

譬如，当你的孩子考试考砸了，你会相信孩子的陈述吗？你会不会怀疑他贪玩不用功？或者怀疑孩子智力有缺陷？

我们发现，每逢考试过后，常常听到爸爸训斥孩子："你这是怎么学的？连这么容易的题都不会，简直是猪脑子！"甚至，有的父母真带孩子去测智商，有的父母送孩子去做感觉统合训练，花了很多钱也不奏效。乃至于一位参与过检测的心理学教授感叹说："这个孩子没毛病，是父母有病！"

心理学研究说明，在 0～14 岁的儿童中间，弱智儿童仅占 1.07％，而超常儿童则在 3％以上。也就是说，98.9％的孩子不存在智力问题，而是爱学不爱学、会学不会学、勤奋不勤奋的问题。即使是那 1.07％的弱智儿童，经过适当的训练和热情的鼓励，也会有不同程度的进步。

所以奉劝爸爸们，当你的孩子考试成绩不理想时，一定要相信孩子，相信孩子自己也是很痛苦的，相信孩子也是非常愿意学好的，并相信孩子有能力达到自己所期望的目标。这种信任是非常重要的，因为它能使孩子在挫折面前镇静下来，得到精神上的鼓励。与此相似的问题：当你的孩子闯了祸，甚至犯下严重错误之时，你是否会说他是坏孩子呢？

"坏孩子"永远是父母的忌言，相反，你应当对孩子肯定地说："你是个好孩子！"这是一种更符合儿童心理发展的教育思想。

事实表明，没有信任就没有真正的教育。父母应做到下面几点。

1. 避免当众取笑孩子。

孩子对自身的缺憾是非常敏感的。所以，他们很不喜欢别人抓住他们的缺憾开玩笑，不管是恶意的，还是善意的。如果连父母也嘲弄他们，那更会在他们内心造成严重的创伤。爸爸们要时刻注意，不要叫子女外号，诸如什么"矮冬瓜"、"竹竿"、"肉圆"等；也不可当着别人和孩子的面，大谈孩子可笑的往事，例如说他们常尿床、爱啼哭、太淘气、喜欢吃零食、胆子太小等。孩子大了，要把他们当大人看待，他们讨厌再提那些往事，应该满足他们这方面的要求。

2. 不要侵犯孩子的隐私。

每个人都有不愿意与人说的话，同样，孩子也有很多不愿意让父母知道的事。因此，爸爸们尽量不要去侵犯孩子的隐私，诸如翻他们的抽屉、看他们的信件、听他们打电话都是不恰当的举动。因为这将导致他们的怨恨，他们会恨父母侵犯了他们的隐私。

再者，父母也不应该对子女的生活管得过严或过于关切，例如看见女儿跟某个男孩交往，就神经兮兮，问这问那："你怎么认识他的？""他是什么人？""你们在一起讲了些什么？"也不管女儿愿不愿意回答。

父母不要认为应该与子女毫无间隙，对他们的事应该都知道得清清楚楚，这将使他们产生排斥的心理。正确的做法是要与他们保持一段适当的距离，并且要尊重他们的私生活，要帮助他们逐渐脱离父母，去过独立的生活。

3. 不要对子女说教不停。

子女最不愿意听："我像你这么大的时候……"他们一听到这类唠叨就烦，就避而远之。尽管父母出发点是好的，但他们不喜欢说教，他们不愿意听那些陈年旧事，而且也不相信父母曾经真的那么勤奋、努力，样样比自己好。

另外，爸爸在子女遇到问题时，不应该受他们的情绪左右，他们的情绪是愤怒、恐惧且困惑的，爸爸不可以也跟着发脾气、迷惑，那样就无法帮助他们。反之，应该冷静、拿出自己对事情的处理方法。

4. 谈事情要切中要点，避免长篇大论。

一位男生，17 岁，他说："我有时真要耐得住性子，才能跟我爸爸说话，他常把最简单的事复杂化，我问他一点小事，他就前前后后说了一大篇，为了怕浪费时间，我都尽量避免跟他说话。"

另一位男生，16 岁，他说："我爸爸不知怎么搞的，他对人的心理、情绪根本不能体会，也听不懂别人的言外之意。他逢人就爱发表长篇大论，且语言太乏味，不着边际，听者都觉得厌烦，也懒得跟他辩论，这些他都体会不到，继续他的高谈阔论。我真希望他的嘴巴能闭一闭，去听听别人怎么说。"

5. 避免在孩子面前议论、预测他们的未来。

父母都喜欢拿孩子当话题，议论他们的过去，预测他们的未来，谈论东家孩子怎么样、西家孩子怎么样，等等。例如说："李阿丹性格太内向了，不善说话，又不出众，看来不会有什么出息。""陈小珊长得好，可是不爱学习，好做白日梦，经常想做这个，又想做那个，看她能做成什么？""彭松这孩子太调皮了！捣蛋成精，成绩又不好，长大以后只怕会成为社会的包袱。"

这些话不管是否真心，都不要当着孩子面讲，不要以为孩子还小，不会理会别人说他们什么。实际上，孩子听了会很不舒服，而且会在潜意识中不知不觉地照父母对他们的评价去做。

6. 不要刺激孩子。

"要你把东西放在固定的地方，不要乱丢，你总是不听，真是一辈子也改不了你那坏毛病。"

"我刚才讲的道理，你听懂了没有？哎！恐怕你一辈子也懂不了，我只是对牛弹琴而已。"

奉劝爸爸们不要说这种反话刺激孩子，打击孩子。这会使他们很生气的，也会引起他们对你的厌恶。

7. 表态不要模棱两可。

子女征求爸爸的意见时，爸爸切忌表态模棱两可，这会使子女无所适从。

一位 15 岁的女孩要去跳舞，她爸爸说："你当然可以去跳舞，高高兴兴地去玩一晚上。但那可苦了我，我既要为你担心，又要因等你不能睡觉。"

这么一说，这位女孩左右为难了，去也不是，不去也不是。所以，父母对子女说话，必须明确肯定，准就是准，不准就是不准，或是让子女自己做主。

爸爸与孩子在生活经历、生活阅历上都很不相同，且所处的位置也截然不同，因此在见解上、生活态度上自然存在很大差异，爸爸不要强求孩子与自己一致。为了取得彼此间的沟通与了解，最好多听听孩子们对自己的一些看法。

二

好爸爸会反思：我的教育方式对不对

　　这几年，社会上的教育理念层出不穷，这对你来说是一种考验，因为不管是"穷养"还是"富养"，不管是"宽"还是"严"，如果把握不好一个度，就很难在教育孩子时拿捏好分寸，很容易使家庭教育走入误区。事实上在生活中，你也常常看到因为教养方式不良而引发的儿童问题行为。你在叹息之余是不是该反思一下：我的教养方式到底对是不对？而后，你应该根据孩子的个性有针对性地制定教养方针。只有这样，才会发挥出孩子性格中的优势，将劣势降到最低。

如何把握斥责的度

　　父母管教的方式在不知不觉中影响孩子的发育与成长。过多的或不当的斥责不仅会束缚孩子的主动精神，也会扼杀儿童的独立性和创造性，并给孩子的心灵造成严重的创伤。然而今日的世界却到处充满挑战，它要求独立思考、坚强的意志、创新与创造能力。

客观地说，爸爸要教育自己的孩子，就免不了要责骂。完全不责骂，对孩子的一切行为都听之任之，必然会惯坏孩子。我国有句古话："玉不琢，不成器。"说的也就是这个道理。孩子不好好管教，是不会成才的。而对于放任孩子不管的爸爸也有一句警语："子不教，父之过。"

教育孩子，古往今来对父母来说都是一门很大的学问。做人本来就是一门很大的学问了，而比起做人，做父母就更是一门大学问。在生活中我们时常可以看到一些人，他们很会做人，在与朋友和同事的交往中，他们热情周到、和蔼、不卑不亢。然而在家中，他们却不能妥善地处理与子女的关系。问题就出在管教子女时斥责的方式上。不是失之过严，就是失之过宽。不是把孩子管教成小老实或木头人，就是把孩子惯成了"飞天蜈蚣"。所以说，管教要松紧适度，严而有格，严而有度。在重复出现的失误、危害他人或造成不良影响以及道德品质上的、原则性的是非问题等要适当地管严些，但绝不是严厉、严酷、声色俱厉，因为粗暴责骂往往会给孩子的发展带来很大的负面影响。

1.影响孩子独立性的发展。

的确，在爸爸看来，斥责孩子是为了管教孩子，而管教孩子就是为了让孩子听话，因此，很多爸爸经常强迫孩子照自己的话去做，否则就开始声讨。这很容易使孩子变得被动、依赖，遇事只会等待大人的指令，不敢自行做出判断，唯恐做错事情遭到斥责，这不仅会影响孩子独立性的发展，对孩子思维能力和创造力的培养也极其不利。

2.伤害孩子自尊心。

斥责的语言往往会伤害孩子的自尊心。在父母一次次的斥责声中，孩子会渐渐习惯这些词语，从而变得麻木不仁，缺乏自尊心。这正如有人指出的："那些被认为没有自尊心的孩子，是外界没有给他们提供使自尊心理健康发展的良好环境。他们的自尊心是残缺的、病态的，他们是斥责教育的受害者。"

3. 削弱孩子自我教育的能力。

从表面看，遭到斥责的孩子很快表示服从，似乎问题得到了解决。但事实上，孩子考虑的只是斥责给自己带来的痛苦体验，而对自己的过错行为本身却很少自我反思，因此斥责反而会削弱孩子自我教育的能力。

4. 造成孩子的逆反心理。

管教过严，或过多的斥责可能引起子女的反感，甚至憎恨。那是危险和可悲的。但是，另外还有一种危险，那就是孩子对斥责置之不理，但口头上不反抗，内心不服。你越骂我越要做；你越不喜欢，我越要做。

美国著名儿童心理学家曾对父母的责骂是否对孩子成长有所影响进行研究，他把父母责备孩子的不良态度分为下列几种，并且举出了一些会使孩子变坏的责备方式：难听的字眼：傻瓜、骗子、不中用的东西。

侮辱：你简直是个饭桶！垃圾！废物！

非难：叫你不要做，你还是要做，真是不可救药！

压制：不要强词夺理，我不会听你的狡辩！

强迫：我说不行就不行！

威胁：你再不学好，妈就不理你了！你就给我滚出去！

央求：我求你不要再这样做了，行吧？

贿赂：只要你听话，我就给你买一辆自行车。或者只要你考到一百分，我就给你一百元。

挖苦：洗碗，你就打烂碗，真能干，将来还要成大事哩！这种恶言恶语、强迫、威胁甚至挖苦，都是一些年轻父母在气急时、在恨铁不成钢的情况下，训斥子女常采用的方法。但是，它们通常也是最不能为孩子，尤其是有些反抗性或自尊心强的孩子所接受的。它们不但不能把孩子教好，只会把事情弄僵，在不知不觉中给予孩子不良的影响。至于央求和用金钱来诱惑更是只会把孩子引上邪路。

综上所述，为了避免斥责带来的负面效应，父母要尽量少用斥责，确有必要进行斥责时应注意以下三点。

1. 尊重孩子的人格。

大人往往觉得孩子小，什么都不懂，殊不知，孩子是正在成长中的人，他们对周围的人和事会有自己的认知方式和情感倾向，也需要别人的理解和信任。我们只有尊重孩子，用科学民主的方法对待他们，才能把他们培养成有高度自尊心和责任感的人。因此，斥责孩子时一定要注意场合和分寸，切莫在大庭广众之下训斥孩子，也不要说粗鲁、讥讽孩子的话。

2. 让孩子知道自己为什么受斥责。

由于孩子年龄小，知识经验少，能力有限，因此常常会惹出这样那样的事端来，这时，爸爸应实事求是地加以评价，讲讲道理，同时应帮助孩子分析原因，引导他自我反省。

3. 告诉孩子正确的做法。

斥责本身只是一种教育手段，而不是教育的目的，教育的目的是使孩子今后不再犯同样的错误。因此，爸爸在斥责孩子的同时还要耐心地教给孩子做事的方法。最好是暗示，让孩子自己去思考、去判断，通过自己的努力加以改进。

总而言之，爸爸在责备孩子时，应该冷静而又热情。不使用偏激的语言，字字句句都说在一个"理"字上。要使孩子感到亲切，感到爸爸是讲道理的，目的在教育自己学好，教育自己做事做人，完全是为了自己好，因而乐于接受你的斥责。

过度保护会让孩子弱不禁风

与外国父母相比，中国的父母们总是显得有点太过小心翼翼，他们给缺少生活经验的孩子准备好了一切事情，生怕孩子受到挫折。然而父母能一辈子这样照顾孩子吗？孩子在成长过程中总会碰到各种各样的挫折，到那时这个脆弱的孩子又怎样自己渡过难关呢？因此父母要鼓励孩子从小就勇敢地面对挫折，让他们成为生活中的强者。

在日本的一个村庄里，有一对夫妻四十得子，因而对孩子宠爱有加，这使得在蜜罐中成长的儿子养成了一意孤行的脾性，他无论做什么都不太专心，就连走路也走不好，时常跌进水沟里，很是让望子成龙的父母焦心。

儿子7岁那年上了小学。可是他还是不能让父母放心，因为他走路喜欢东张西望，不是弄湿了鞋子，就是弄脏了裤子，经常抹着眼泪回家。

一天，孩子的父亲带了一把锹去儿子上学必经的田埂上，在上面断断续续地挖了近十道缺口，然后用木板搭成一座座小桥，只有小心走上去才能通过。那天放学，儿子走在田埂上，看到面前一下子多出了这么多的小桥，非常惊慌，不知道该怎么办好。是走过去，还是停下来哭泣？四顾无人，哭也没有人帮忙啊。最终他选择了走过去。当背着书包的他晃晃悠悠地通过小桥时，虽然很害怕，但却有种满足感。他第一次没有哭鼻子。

回家以后，儿子跟爸爸讲了今天走过一座座小桥的经历，脸上满是神气。父亲坐在一旁夸他勇敢。

但妻子却对丈夫的举措迷惑不解，丈夫解释道："道路太平坦了，他就会左顾右盼，当然会跌倒；坎坷的路途，他的双眼必须紧盯着路，所以才能走得平稳。"

这个故事中的儿子就是赫赫有名的"经营之神"松下幸之助。正是父亲苦心挖断松下幸之助顺利前进的路，才培养了他直面困难、战胜困难的勇气和信心，也才有了他今天的成功。

在日本，像松下幸之助的父亲这样，故意给孩子制造挫折的爸爸是很多的，他们认为，只有让孩子从小经受一些挫折，日后他们才能独立战胜生活中的挫折，从容地走向成功。要知道，人的抵抗力、免疫力是一步步增强的，从无菌室里走出来的人，往往是脆弱的，他们抵抗不了细菌的袭击。所以，爸爸们应该对"太顺"的孩子进行一些"挫折教育"，帮助孩子树立坚强的信念，无论顺境逆途都能坚强面对。而父母们首先要改变原来的教育态度，让孩子走出大人的"保护伞"，不要怕孩子摔着、碰着、饿着、累着，孩子摔倒了鼓励他自己爬起来，不能为孩子包办一切，孩子的事情让他自己做，自己能解决的问题，如要玩具自己去拿，衣服、裤子自己穿。在家庭生活中，要安排孩子做一些力所能及的事，切不可把孩子成长过程中的困难都解决掉，把他们前进的障碍清除得干干净净。

爸爸们应该看到这一点，当你替孩子解决麻烦的时候，也便剥夺了孩子自己体验成败的机会，从而也纵容了孩子的依赖性，让他们无法从生活中体验战胜挫折后的自信。人在一生中将会遇到很多困难，父母不能永远充当孩子的保护伞，因此，当孩子遇到困难不知所措时，爸爸应该鼓励孩子勇于面对困难，让孩子转动脑筋，充分利用智慧自己去解决，而不是亲自动手为孩子扫平道路。用你的鼓励，从小培养孩子直面挫折的意识和坚强地承受挫折的能力，方能有效地激发孩子生命的能量，使他们的自信心、创造力在危急与困难时刻发挥到极致，增长孩子竞争取胜的才干和驾驭生活的能力，而父母也少了许多不必要的麻烦。

适度的挫折对孩子的健康成长是有益无害的，孩子面对挫折所表现出来的坚强和勇敢，正是他们日后走向成功的资本。因此，爸爸不妨放开你的手，让孩子自己去面对生活中的一些挫折。

大包大揽扼杀孩子的生存能力

生活中，很多父母总喜欢给自己的孩子无微不至的呵护，把孩子的事情都包办下来，一一为孩子做好。这些父母似乎不知道，我们教育孩子的最终目标是要让孩子能够适应他自己未来的生活。因此，日常生活中应当教导他们学会独立地生活，而不要总觉得他们这也不会那也不行。

7岁的天天要去参加学校组织的夏令营，天天非常兴奋，在家里又跳又叫，然而爸爸却很担心，他觉得这对天天来说太难了！才7岁的孩子就要离开家，在外面和同学老师共同生活五天，孩子吃饭不习惯怎么办？孩子走不动怎么办？孩子生病了怎么办？爸爸给天天的班主任老师打了电话，再一次请她路上多照顾天天，又吩咐妈妈给天天准备了几套衣服，连帽子、手套都带上了，生怕晚上气温低冻坏孩子。除此之外，他又在天天的包里塞了一些高级营养品，叮嘱天天不要饿着自己。在天天临出门时，爸爸又告诉天天要注意安全，要这样、要那样，一副没完没了的样子，弄得天天都有些不耐烦了。天天走后，爸爸还坐在沙发上发呆："一个小孩子怎么照顾自己啊！"结果两天后，不放心的爸爸开着车追到夏令营去了……

天天的爸爸是个慈爱的父亲，这一点毫无疑问，但却不是一个"好爸爸"，他过多的保护、过分的呵护只会阻碍孩子的发展，让孩子无法自立自理。孩子终究要独立生活的，为了让孩子能顺利地适应他们未来的生活，父母们有必要大胆地让他们自己去照顾自己，不要让他们永远生活在父母的呵护里。

训练孩子的独立能力，爸爸们可以教导孩子从一些简单的事情着手，例如早晨起床自己穿衣、刷牙，等等。这些不仅是日常生活的步骤而已，它更能训练孩子自动地管理自己的行为，培养孩子的自立精神。

大人既要放手让孩子自己走出去，又要保证我们的孩子能够"安全出行"。一方面需要爸爸对孩子进行严格的训练，另一方面却不是"三分钟热情"能够解决的。比如，培养孩子一些简单的日常生活习惯，刚开始爸爸和孩子都会很热心地按计划实行，但是时间一久，一些爸爸就不耐烦了，这种对孩子缺乏长久性和一贯性的培养，反而会在孩子的性格中留下很多负面影响。

　　与父母过分的叮嘱和过分的呵护截然不同的教育方式是重视培养孩子的自理能力和自强精神。发达国家中的父母们，在教孩子独立自强这方面所取得的成功，尤其值得我们好好地研究与借鉴。

　　举例来说，在美国，家庭教育是以培养孩子富有独立精神、能够成为一个自食其力的人为出发点的。父母从孩子小时候就让他们认识劳动的价值，让孩子自己动手修理、装配摩托车，到外边参加劳动。即使是家庭富裕的孩子，也要自谋生路。美国的学生有句口号："要花钱自己赚！"乡村家庭要孩子分担家里的割草、粉刷房屋、简单木工修理等活计。此外，还要外出当杂工，出卖体力，如夏天替人修整草坪，冬天帮别人铲雪，秋天帮人扫落叶等。在富足的瑞士，父母为了不让孩子成为无能之辈，从小就着力培养孩子自食其力的精神。譬如，一个十六七岁的女孩子，从初中一毕业就去一家有教养的人家当一年左右的女佣人，上午劳动，下午上学。这样做在中国父母看来似乎难以理解，但瑞士父母却认为大有好处。这样做一方面可以锻炼孩子的劳动能力，让孩子寻求到独立的谋生之道，另一方面还有利于学习语言。因为瑞士有讲德语的地区，也有讲法语的地区，所以一种语言地区的姑娘通常到另外一种语言地区的人家当佣人。其中也有相当多的人还要到英国学习英语，办法同样是边当佣人边学习语言。等他们熟练掌握了三门语言后，就去公司、银行或商店就职。长期依靠父母过寄生生活的人，被认为是没有出息或可耻的。

德国父母对孩子从小就培养他们自己的事情自己做，从不包办代替。法律甚至还规定，孩子到 14 岁就要在家里承担一些义务，比如要替全家人擦皮鞋、打扫房间等。这样做，不仅是为了培养孩子的劳动能力，也有利于培养孩子的社会义务感。而在日本，在孩子很小的时候，就给他们灌输一种思想："不给别人添麻烦。"并在日常生活中注意培养孩子的自理能力和自强精神。全家人外出旅行，不论多么小的孩子，都要无一例外地背一个小背包。父母说："这是他们自己的东西，应该自己来背。"而在中国却常常是父母帮孩子背书包。上学以后，许多学生都要在课余时间在外边参加劳动挣钱。大学生中勤工俭学的现象非常普遍，就连有钱人家的子弟也不例外。他们靠在饭店端盘子、洗碗，在商店售货，照顾老人，做家庭教师等挣得自己的学费。

天天爸爸"孩子太小，只能由我照顾"的教育方式与发达国家父母们的教育方式做比较，不知中国父母做何感想呢？家长们都应该明白，你们是无法照顾孩子一辈子的。

一个真正疼爱孩子的好爸爸，应该关注的是孩子将来是否能自己应付外面的世界。将一个在父母庇护下，毫无自我生存能力的青年推入未来的社会是最为残忍的事，也是爱孩子的父母不忍看到的结局。想使孩子能成功地走向外面的世界，必须从小开始培养自立与自信。如果我们替孩子做所有的事，便不能达到这一目的。在这样的抚养下成长起来的青年，外表人高马大，内心却是畏畏缩缩、缺乏勇气。这样做使他丧失了自信和勇气，也使他感到不安全，因为安全感是建立在能够用自己的能力去对付处理问题的基础上。我们这种自以为无私的行为，剥夺了孩子发展自己能力的权利，但这恰恰是孩子成长最珍贵的要素。

爸爸们要记住，但凡孩子能独立完成的事就不要替他去做，就好像要让孩子学会走路，你得先放开手一样，当然，一旦决定"放手"了，就要坚持下去，不要看到孩子做不好事情就又去插手。

比来比去比伤了孩子的自尊心

爱孩子就要尊重他，好爸爸就是能够维护孩子的自尊心、给孩子自信心的人。那么让孩子感受到你的爱，感受到你的尊重，很关键的一点就是别拿自己的孩子与别人的孩子比来比去。

父母们因为望子成龙心切，常会犯这样的错误：一边爱着自己的孩子，一边又因为孩子不能达到自己的预期失望不已。他们总希望孩子各方面都能表现优异，有最好的前途，因而难以容忍孩子在某些方面尤其是在学习上不及同龄人，认为这是孩子的失败，更是自己的失败。于是不经意间，他们常会拿自己的孩子与那些更优异的孩子做比较："都在同一个班学习，为什么别人能学好，你就不能？你简直就是个笨蛋！我同事的孩子和你同岁，都认识 300 个字了，你天生就笨，斗大的字不认识一筐，每天就知道玩……"更严重的是，家长们还爱当着孩子的面做这种比较。爸爸们要注意，这种错误做法是我们必须要避免的，因为这类错误对孩子自信心的打击非常大，而对于孩子的提高又毫无益处。

有一个非常优秀的孩子，小学六年，每次开家长会，他都是老师表扬的对象。初中三年，年年被评为三好学生，每次考试成绩都是班里前几名，在年级里，虽然不是数一数二，也都名列前茅。在别的家长看来，这孩子的父母真幸福，孩子这么优秀。可他的父母却不这么看。这个孩子在班里没有名列第一时，父母就拿他和班里的第一比较，在班里第一的时候，父母就拿他和年级里的第一比较。总的来说，他的表现很少得到父母的认可，父母始终在拿他和那些更优秀的孩子比。结果，不但没使这个孩子进步，反而使这个班里的佼佼者越来越自卑。导致他上高二的时候产生了厌学心理，一进校门就心烦意乱，尽管这时孩子的父母已经意识到自己的错误，也做了许多努力，可他的思想就是走不出一个误区：在爸爸妈妈眼里，我总是不如别人。

有大师曾经说过，玫瑰就是玫瑰，莲花就是莲花，只要去看，不要比较。这其实是很值得中国父母借鉴的箴言，然而我们遗憾地看到，在生活中，很多父母习惯于这种不厌其烦地比较，甚至是拿别人的优点来比较自己孩子的缺点，也许他们的初衷是想要激励孩子，但孩子脆弱的心理怎能承受如此的不被肯定，而且还是来自自己的父母。通常的结果是，比来比去，把孩子的自信心和自尊心都比没了。

有调查表明，在国内，有近2/3的家长喜欢夸奖别人的孩子，事实上，你有可能就在其中。这样做往往出于不同的动机，有的是为了刺激孩子，让他为自己感到羞耻；有的是为了激励自己的孩子进步；有的纯属向自己的孩子发牢骚，嫌自己的孩子不争气。无论何种情况，只要家长的比较包含着对自己孩子的贬抑，都是对孩子自尊的一种伤害。

拿别人的优点来与孩子的弱点比较，是一种消极的比较法，只能在孩子心里播下自卑的种子。家长越比较，他就越会感到自己是个"无用的人"，从而陷入"自我无价值感"的深渊，产生对什么都不感兴趣、破罐子破摔的心理。

竞争是重大压力的来源之一，它既能激励人，也会打击人的信心，使本来已有的能力无从发挥。因此，自小便灌输给孩子与人相比的想法是很不健康的，结果往往是孩子变得更加脆弱、更经不起挫折和失败。爸爸们要注意，我们要做的是培养孩子克服挫折和失败的勇气，而不是使其成为竞争的牺牲品。

淘气未必是不好的

中国的孩子从小听得最多的词儿便是"听话"；他们较早接受的观念之一就是"淘气是不好的"。因此，中国孩子最大的缺点是"缺乏独立性"、"胆小"。从现代教育的眼光看，应当重新审视这种使用频率最高的家庭语言。

《少年儿童研究》杂志曾经推出这样两句话：淘气的男孩是好的，淘气的女孩是巧的。这家杂志还提出："听话"的儿童是问题儿童。

为什么说"听话"儿童是问题儿童呢？我们稍加观察即可发现，所谓"听话"儿童一般不提问题，更不与长辈争议。实际上，只强调"听话"容易培养儿童的"奴性"，使其毫无独立性，对所有问题缺少个人见解，对邪恶势力无力抗争，以至人格扭曲，成为"问题儿童"。媒介中经常报道，某某模范人物自杀或犯罪之类，往往是由问题儿童演化为问题大人的。但是，这个问题至今也未引起人们的警觉，更显示出此问题犹如潜伏的癌症一样可怕。

教育家陶行知先生曾有"六大主张"十分精辟，他提出：解放儿童的头脑，使其从道德、成见、幻想中解放出来；解放儿童的双手，使其从"这也不许动，那也不许动"的束缚中解放出来；解放儿童的嘴巴，使其有提问的自由，从"不许多说话"中解放出来；解放儿童的空间，使其接触大自然、大社会，从鸟笼似的学校解放出来；解放儿童的时间，不过紧安排，从过分的考试制度下解放出来；给予民主生活和自觉纪律，因材施教。我们常听见一些父母在斥责孩子时说："难道连父母的话你都敢不听了？"这当然也是父母被不肯听话的孩子气得没有别的办法时才说出的气话，而且它也似乎成了父母对付不听话的孩子的最后一张王牌。

这是一句强迫的话，而且还带有威胁。如果孩子很小，是个小学生，孩子听了可能会真有些惧怕，因而也会屈从。但是，这种王牌、这种强迫加威胁用久了，对孩子的头脑、思想的发展都会造成一些消极的影响。

"连父母说的话你都敢不听！"这话背后的意思就是父母所说的具有绝对权威，而且也是绝对正确的，你必须服从，不容讨价还价，这是显示父母权威的一种恐吓行为。这是父母要求孩子们绝对服从。平日我们常说的"听话"，实质上就是服从。

这种话会妨碍孩子完整人格的发展，影响他们思考力的发育和成长。他们可以成为父母眼中的乖孩子，但同时也可能变成毫无判断能力和无法独立生活的人。

"不容讨价还价"，"不容争辩"——这常是我国父母对子女的要求。而在欧美，父母对待子女的态度、教育子女的方法就大不相同。他们不主张强迫，更不主张威胁。在子女不听从父母的劝告的时候，他们先了解孩子的心理，倾听孩子的意见，然后再告诉孩子"为什么应该这样做"，直至孩子心服口服为止。

爸爸们需要认识到，因为孩子小，不容易理解父母话中的道理，这时我们就要耐心地说明自己的看法和要求，让孩子认同父母的道理，进而知道对错和好坏。久而久之，孩子自然而然便能养成自己判断的能力了。

相反，不加任何解释，不作耐心地说服，只是说"难道你连爸爸说的话也不听吗？"以此强迫孩子服从。他们并不知道父母是对的，以及对在什么地方；自己是错的，错在什么地方。孩子盲目服从，也就无法提高自己的判断力。更坏的情况是，有的孩子不服从，消极地或公开地与父母对抗。

三

好爸爸就要做好孩子的第一任老师

"父爱如山"，这是对好爸爸的赞誉，但扪心自问，你是否当之无愧？或许在宝宝还小的时候，你的作用并不那么明显。但随着时间的推移，你的影响力越来越大，尤其是男孩子，他们无不希望爸爸是自己在小伙伴面前的骄傲。那么，你做得又够不够好？毫无疑问，你是孩子的榜样，孩子是你的镜子，你的一言一行都会影响到孩子。所以，你更要严于律己，处处事事以自己的正确言行为孩子树立榜样，引导孩子健康成长。

家庭环境影响孩子一生

孩子的健康成长，尤其是孩子健康心灵的形成，往往取决于孩子是否有一个良好的家庭环境，取决于爸爸妈妈的教养方式是否合理。为了让孩子能够健康成长，爸爸们一定要给孩子创造一个良好的环境。

有这样一个故事：有一年京城举行大考，一位秀才带着他近期将临盆的妻子前往京城应考，这样既不耽误考试，还可以照顾妻子。

谁知一路的奔波动了胎气，妻子在路上阵痛起来。秀才只好带着妻子住进了一家酒馆，更巧的是，酒馆老板的妻子也正要生产。秀才看到这种情景心底踏实了许多，现成的接生婆正好顺道帮妻子接生，免去了许多麻烦。

当天晚上，秀才的妻子和酒馆老板的老婆先后产下两个儿子，母子皆平安。两个男婴算来竟是同年同月同日同一时辰生下的。两家人都非常高兴，这也算得上有缘了。秀才在考完回程时，又在酒馆住了三年多，每日教两个孩子习字、作画，两个孩子都很聪明，这让秀才越看越爱。后来由于家乡有事，秀才才告别酒馆老板和妻儿一起回乡。

一转眼，16年过去了，秀才和酒馆老板的儿子都长大了，秀才的儿子没有辜负父亲的期望，考上了状元。老秀才高兴之余，想起酒馆老板的儿子与自己儿子的生辰八字相同，想来也有个锦绣前程吧。

回想当年酒馆老板收容妻子临盆之恩，秀才便准备了礼物，专程去拜访酒馆老板。等到了酒馆老板家，只见老板坐在门口吸着旱烟，秀才将礼物呈上，并问起了他的儿子。酒馆老板指了指门内，说道："喏，在干活呢！"

秀才顺着酒馆老板的指引，看到屋内有一个年轻人正站在柜台内给客人打酒呢！"是他，这可奇怪了。按命理说来，你儿子和我儿子生辰时刻相同，八字也一样，理应此时也该求取个功名才是，怎么会……"秀才满脸诧异。

酒馆老板大笑："什么功名，这小子从小跟着我卖酒、招呼客人，大字不识几个，拿什么去考功名啊！"

从这个故事里，我们就可以清楚地看到家庭环境对孩子成长的影响。两个同年同月同日生的孩子，在聪明程度上也不分上下，可是秀才的儿子考上了状元，酒馆老板的儿子却站在柜台前卖酒。因此，教育学家认为，从某种程度上说，孩子的命运、成长方向往往取决于他的家庭环境。

家庭环境主要包括家庭的经济条件和父母的文化程度、思想道德水平、行为方式、生活习惯等。其中，经济条件如果不是入不敷出，生活难以为继的话，对孩子教育的影响关系不大，而父母的文化程度、思想道德水平、行为方式、生活习惯等则对孩子的影响非常重要。

事实上，好的家庭环境也并非指富有的父母，而是指父母关爱孩子，正直有品位，与孩子有良好的互动，这才是最适合孩子成长的家庭环境。

所以作为爸爸，我们首先就要让孩子有个健康的成长环境，有个值得效仿的榜样。那么怎样才能做到这一点呢？

1. 夫妻相敬相爱。

爸爸妈妈应该相敬互爱，而且要公开地让孩子们看到这种深厚感情。比如，爸爸在生活中多照顾妈妈，逢年过节向孩子的母亲赠送礼物，出门时给她写信，等等。如果一个孩子了解他的爸爸妈妈是相亲相爱的话，父母就无须更多地向他解释什么是友爱和亲善了。父母的真实情感流入了孩子的心田，从而有益于他在将来的各种关系中发现真挚的感情。

2. 夫妇共同教育孩子。

教育孩子不是妈妈一个人的事，是爸爸妈妈共同的责任，但在我国家庭中，大多数情况下，在家务和养育孩子方面妈妈要比爸爸付出得多，这样是不对的。一个良好的家庭里，爸爸应该自觉地帮助妈妈，这样不但会赢得孩子的尊敬，而且会使夫妻有更多的时间和精力抚养教育孩子，爸爸们要记住，帮助妻子就是对孩子的爱。

3. 身教重于言传。

爸爸要主动地将基本的价值观和行为方式示范给孩子，以便于孩子在社会上成长。当然，身教胜于言传。当我们把垃圾放入垃圾箱里，孩子也会这样做；而如果我们随处乱丢的话，孩子也会乱丢杂物。如果我们待人接物彬彬有礼，助人为乐，处世豁达，我们的孩子也就有可能成为这样的人。孩子在潜移默化地模仿着我们，因此我们需要使自己成为好的榜样。

孩子从他的家庭环境中可以学到许多东西，家庭就是孩子的整个世界，因此，爸爸们要注意身教重于言传，给孩子创造好的环境，这样孩子的心灵才能健全。

与妈妈保持立场的一致

在许多家庭里，夫妻之间常在孩子的教育上不知所措或产生矛盾。夫妻双方对孩子的教育有不同的看法、想法，甚至矛盾，这原不是什么了不起的大事，而是自然现象。如同对一件事情，不同的人可有不同的看法一样，不足为怪。因此，夫妻双方发生分歧时，不必彼此抱怨，可以通过讨论、协商达成共识。但是，在爸爸和妈妈有了分歧后，有一点值得特别注意的，那就是这种分歧和矛盾不要暴露在孩子面前。

事实上，不少父母在教育孩子时正是在这个节骨眼上犯了错误。譬如，妈妈在教育或责备时，爸爸站出来替儿子说话；或者是在爸爸责备儿子时，妈妈站出来替儿子鸣不平。这样的例子在生活中比比皆是。

譬如：孩子吃了晚饭坐在电视机前不肯起身，妈妈便催促孩子去做功课："不要再看电视了，该去做功课了。做完了好睡觉。"孩子不起身："我看完再去！"妈妈坚持说："看完这个节目，就很晚了，还能做什么功课！快去，听话！"儿子正在犹豫，这时，爸爸却在一旁调和："让他看完算了！"儿子当然也就不起身了。结果功课也就不要做了。

在花钱上也常出现这种不一致的现象。孩子跟妈妈要钱买新运动鞋，妈妈认为旧的没有破，可以穿，不必买，因而不给钱。孩子又去找爸爸，爸爸经不起他的纠缠便给了。这是两个常见的例子，夫妻虽然没有争吵，但是给孩子的不良影响却是一样的。这使爸爸（或妈妈）在孩子的心目中没有了威信，孩子有了依仗，可以不听爸爸（或妈妈）的话，助长了孩子的任性和娇气。而且，这样会使得孩子无所适从，更重要的是助长了孩子不听话的表现。因为既然爸爸认为妈妈责备得不对，或者反过来，妈妈认为爸爸的责备是不对的，那么孩子当然可以不必听了，因而孩子的错误或不良习惯也就得不到纠正，而且会对父母的意见和责备都置若罔闻。

所以在教育孩子时，爸爸一定要与妈妈达成一致，任何一方在教育孩子时，另一方都不应该出面袒护，即使爸爸或妈妈责备得不对，也不要当着孩子的面纠正，甚至是争吵。这样既会损害对方在孩子心目中的威信，使对方日后无法再对孩子进行教育，也会伤害母子或父子感情。

那么在具体问题上出现不同的看法，爸爸应该怎样处理呢？正确的方法应该是在妈妈责备孩子之后，在孩子不在面前的时候，再提出自己的看法，与妈妈讨论，以取得一致的看法，避免日后重蹈覆辙。

别用谎言哄骗孩子

对孩子说谎的毛病，父母一般都感到非常愤怒，认为说谎是一种不容宽恕的错。可是很多父母并不知道，孩子说谎的根源往往就在父母身上。要孩子不说谎，父母应该从自己做起。

在电影或电视中我们时常看到这样一种镜头，即孩子对爸爸或妈妈说："你撒谎，你说谎，我不相信你！"当孩子发现父母言不副实，而失望地发出这种歇斯底里的喊声，确实是一种悲剧。一旦孩子认为父母会撒谎，当然就再也不会听信父母，即使父母这次没有撒谎。

孩子发现父母说谎后之所以感到如此失望和愤恨，是因为做父母的总是教育自己的孩子不要说谎。他们一再告诫孩子，说谎是一种不道德或不好的行为，不少孩子还曾为此受过父母的责骂。既然父母要求和教育孩子不要说谎，那么他们自己又为什么要说谎呢？这是因为有时孩子经常缠住父母要这要那，吵闹不休。父母为了安抚孩子，不得已只得用谎话来哄骗他，以换取一时的安静。

日本有一本关于儿童教育的书里曾举了一个很生动的例子：作者在一次长途客车上看见一个 5 岁的孩子吵嚷着："我的香蕉！"

孩子的爸爸怕打扰了周围的乘客，就说："香蕉没有了呀！"

他原想这样可以把孩子哄住，哪知孩子早看到了行李架上的香蕉，坚持嚷道："有！有！"

爸爸没有办法只得起身在行李架上摘了一根说：

"吵死了！给你一根，再不准吵了！"

在我们的日常生活中，常有这种时候——孩子无理的要求使父母无法招架，为了暂时安抚孩子，就说："没有那种东西了。"或："你要的没有了！"孩子有时虽然暂时安静了，哄住了，不吵了，但是后果却是危险的。那就是一旦孩子发现父母说的是假的，父母在说谎，父母在孩子的心目中就会失去权威，孩子就会愈来愈不听话，甚至变本加厉地说谎。

所以，为了正确地教育孩子，当孩子提出他的要求时，爸爸如果认为孩子的要求不当，应该据理说服，提出孩子要求的不当之处。比如告诉他，车上这么多乘客，在行李架上取香蕉很不方便，会打扰别人。或者讲清，刚刚才吃过点心和香蕉，现在又吃，会对肠胃不好，待会儿回到家里再吃。这样说清道理，孩子可能也就不会再吵着要香蕉了。

反之，如果你未说清道理，孩子不懂得自己的要求是错误的，就只知道吵着要，而且认为只要吵，父母就会答应，以后就容易胡闹。

同时，父母如果以哄骗或说谎来拒绝、搪塞孩子的要求，反而会使孩子和父母永远无法沟通。一般来说，父母往往不愿在他人面前纠正孩子的行动，只想安抚一下，哄住孩子了事。这是不对的。为了不让孩子养成不良的习惯，无论是否有外人在旁边，无论在什么场合下，爸爸都应该纠正孩子的无理要求。

总之，孩子会不自觉地效仿父母的言行，因此要求孩子不要做的事，爸爸首先就不能做。另外，爸爸对孩子从小就要讲信用，答应了的事，一定要兑现，不答应的事就一定不去做。这样爸爸在孩子的心目中就会有威信，在以后培养孩子的过程中，才能对孩子进行有效的教育。

爸爸对孩子也要遵守诺言

契约就是双方经过谈判，都表示同意的一种对双方均有约束力的约定，可以是口头的，也可以是书面的。比如孩子们一起玩游戏的时候，大家"约定"的规则就是一种口头契约；一个人要买一处房产，首先要签订合同，这就是一个书面的契约。这个契约里面要有谈好的条件，价格是多少，什么时间入住等都必须写进去。双方必须遵守，不得违反约定。契约的本身带有一种平等的性质，是建立在双方都同意的基础上的。

有些父母常常觉得孩子有许多缺点，比如不喜欢学习、不爱听话、常常跟父母顶嘴、任性、固执、不爱劳动、不关心父母、出门不告诉父母到哪儿去等。而有的孩子又觉得爸爸妈妈说话不算数，答应了条件又变卦取消。在这种情况下，父母子女之间就形成对立的局面。

为了协调双方的行为，爸爸可以采用订立契约的方法管教孩子，这样既可以规范孩子的行为，也可以规范自己的教育方式，能够建立起父母与子女之间的一种正常关系。建立这种关系可以培养孩子的公平和公正意识以及遵从正确教导的行为习惯。这种关系一旦建立起来，孩子的很多坏毛病，比如任性、固执、懒惰等，一般都会得到很好的改善。实践证明，很多自己管不住自己的孩子常常都通过订立条约而解决了很多难以解决的问题。

爸爸在与孩子签订契约的时候，特别是为了矫正孩子比较顽固的不良习惯时，一定要注意，契约最好是文字性的，内容要切实可行，不要迁就孩子，也不能强迫孩子签订很难实行的"不平等条约"。

签订契约是为了执行。因此，在执行过程中，爸爸一定要坚持原则，严格检查，做好记录，对孩子所做的事情要进行及时的评价和总结。如果发现契约本身有缺陷或不足之处，有需要改进的地方，要和孩子妥善商议，双方同意后及时修改。爸爸一定要充分发挥监督的作用，执行契约要不折不扣，做到客观公正。孩子只要按照契约做了，爸爸就一定要履行契约，满足契约上所规定的条件，不能反悔。

这种方法也可以培养孩子的独立意识，让孩子知道，无论做什么事情都要"循规蹈矩"、"照章办事"。爸爸和孩子订立这样的契约，首先必须放下架子，做到父子之间的平等。

使用这种方法，爸爸必须讲信用，否则孩子是很"伤心"的。

北京有一位六年级的女学生在一篇题为《累人的零花钱》的作文中这样写道：爸爸说好每个月给我 300 块零花钱，当时我的心里是很高兴的。可是后来才发现，要把这 300 块钱"挣"（我实在是只能用这个词了）到真不容易。父母给我这 300 块钱是有条件的——一个月不迟到早退，做作业不马虎，积极做家务，搞好个人卫生……

这些事情的确都是应该办到的，可是要百分之百就不是那样容易了。特别是要听"父母的话，父母叫干什么就干什么，不能有半句怨言"，这就太难为人了。

到了星期天，爸爸的话就特别多，一会儿叫干这样，一会儿又叫干那样，刚想看一会儿电视，"命令"又下来了："洗碗去！"只要稍微慢半拍，爸爸就会立即说："这个月的零花钱是不是不想要了？！"刚一拿起卡通书，爸爸又发话了："做功课去！"这 300 块钱对我来说还是有"诱惑力"的，所以只好"忍气吞声"照办，因为我还想着用这钱去买我早就想得到的东西，比如课外书、文具，还有一块巧克力……

可是我每个月的计划总是落空，因为我实在无法完全达到父母的要求。

特别是昨天，一个月的最后一天，看着这"诱人"的 300 块钱就要到手了，可是意外的事情还是发生了：我在拉窗帘的时候由于用力过大，把窗帘钩给拉断了。这一下我可犯下了"滔天大罪"，爸爸把我整整数落了一个小时，并当场宣布取消我这个月的零花钱，因为要用来修窗帘挂钩。我沮丧极了，自己居然犯了这么大的错误。

今天，修窗帘的工人来了，我在屋里听到爸爸与人家讨价还价，最后以二十元钱成交。可是我的 300 元钱就这样泡汤了……

我好伤心：不想给我零花钱就直说吧，何必这样转弯抹角，何必找我这么多碴！

这样做到底累不累？我们不敢说这个孩子的话就是"对"的，但是作为父母，对待一个六年级的学生未免太苛刻了吧。设置奖励，就应该让孩子有可能得到。如果那奖品高不可攀，对孩子又有什么鼓励作用呢？难怪孩子这样"义愤填膺"，发表"檄文"声讨父母。

有一位爸爸说了这样一件事：记得在一个星期六的晚上，我们答应儿子在星期天带他去他的好朋友家玩儿，当时儿子高兴得连蹦带跳着喊起来："噢，明天要玩儿去了……"可是到了星期天，因家里有事，尽管我一再给儿子说爸爸、妈妈没空，以后再带你去，儿子仍然很委屈地说："那次你们就说带我去的，这次又骗我……"

看着儿子那失望的眼神，一种难以言状的自责，一种对孩子的愧疚感涌上心头，作为一名教育工作者，一个父亲，我应守信誉，不能不遵守诺言，于是我对儿子说："好吧，儿子，等爸爸把事办完一定带你去，即使晚点也一定去。"

我们在许多场合，经常看到一些跟父母斗气的孩子，就是因为父母的许诺没有兑现。有的孩子会气愤地说："爸爸骗人，妈妈骗人。"

所以，为人父者须切记：做不到的事绝不要乱许诺，平时不要轻易许诺。有的爸爸为迎合孩子的心理，不论孩子要求什么都一一答应，今天一块巧克力，明天一个棒棒糖。而当许诺不能兑现时，孩子就会认为你说话不算数，对你失去信任和尊敬，渐渐地不听你的许诺，或者模仿着来对待你，甚至养成说谎的习惯。为培养孩子的优良品格，请爸爸对孩子也要遵守诺言。

不要忌讳向孩子请教问题

中国式爸爸总喜欢在孩子面前表现出全知全能的样子，生怕露出不懂的地方，让孩子看轻了自己。其实这样辛苦地维持自己的威严是没有意义的，如果你能放下"威仪"，主动向孩子请教一些事情，你们的关系将会更亲密。

在这方面，西方家长往往做得不错。

晚饭后，乔依一直在摆弄那个坏掉的音响，可弄了半天还是没有修好。这时乔依 13 岁的大儿子汤姆从楼上吹着口哨跑了下来，看他的打扮似乎正准备出门去玩。"汤姆！"乔依叫住了他，"过来帮我看看这个音响，再修不好就得换了！""爸爸，您是让我帮您修音响吗？可是我以为——真是太难以置信了！您从来都不会找我做这种事的。"然后在父亲略显尴尬的目光里，汤姆迅速脱下外套蹲下来和父亲一起研究那个音响。"您看！这个导线接触得不太牢固，我猜毛病就出在这上面！"乔依惊讶地看着自己的儿子，"你怎么会懂这么多呢？你知道，我一直把你当成小孩子！"汤姆愉快地笑了，"爸爸，我不是告诉过您，我参加了学校的电器小组吗？以后家里的电器坏了，需要帮忙时就请您说一声，我会非常愿意和您一起干活的！"从那以后，乔依发现儿子变得懂事了很多，看到父母做家务事时，他会礼貌地问一声："需要我帮忙吗？"而且汤姆还买了一大堆物理方面的书籍，有空就坐在房间里研究，现在汤姆已经成为家里的"电器专家"，老师告诉乔依说汤姆现在上课时变得"很认真"。

乔依第一次向儿子汤姆请求帮助时，我们可以看到汤姆感到十分惊喜，他立刻放弃出去玩的念头，留在家里陪父亲修理东西。13岁的汤姆非常骄傲，父亲的求助让他看到了父亲对他的信任和依赖，这种感觉甚至成了他学习和进步的动力。所以，中国的爸爸们，我们不妨也放下架子，向孩子请教一些东西，你就会发现，不再需要唠叨、不再需要责骂，你的求助就使孩子变得更懂事、更乐于学习。

我们应该明白，每个孩子都希望"做自己的主人"，他们都希望从自立与帮助他人中寻求到自我存在的价值。所以，适当的时候，爸爸不妨试着扮演一下弱者，给孩子责任心与能力以最好的鼓励与赞赏。其实，扮弱者并没有什么为难的，你可以不时地叫孩子教给你一些东西，比如，怎样收发邮件，如何解答这一谜语等；也可以叫孩子帮助你做一些与研究有关而你又没有时间去做的工作。例如，叫孩子调查最完全、最可靠、最畅销的价值在2500元左右的冰箱，或者研究市场上最好的洗衣机，或找出一段为了达到市中心的某一地点而避免遇到修路或交通堵塞等现象的最佳线路，或叫孩子核对一些所调查的事实和资料再给你一个结论。孩子决不会认为这些工作枯燥无味，他们一定会满怀希望认真地工作的，这不仅使孩子得到了一个锻炼机会，也会使孩子因"爸爸需要我"而感到幸福。

另外，当孩子有自己特殊的兴趣和爱好时，可以让他告知你他所学到的、发现的东西。例如，如果你的孩子对天文学感兴趣，可以让他指出某一星座的位置；如果你的孩子喜欢研究汽车，当你们一起外出时，可以叫他告诉你某些车的名字。

寻求孩子的帮助，从小的方面看是与孩子交流的一种技巧，但从更高的层次看，却是教育观念的创新。许多爸爸可能会有这样的疑惑：一个小孩子有什么能力可帮助大人？历来都是大人帮助孩子，哪听说过孩子帮助大人的？他们即使让孩子帮助自己，也不过认为这是一种哄小孩的游戏罢了。

实际上，这不仅不是一种游戏，而且还是创新教育的需要，也是家长自身的需要。我们所具有的价值观念、知识、行为方式及习惯有很大一部分已难以适应社会的发展，而我们的成见、生活经验以及越来越多的惰性常常阻碍我们看到这一变化。

我们已经进入了信息时代，我们的孩子比我们更快、更好地掌握了新媒体技术，如计算机网络等。在"明日青少年与媒介"巴黎国际论坛上，来自几十个国家的学者形成了一种共识：我们正在被青少年甩在后面，我们感到了挑战，我们对自己的无能和无知感到恐惧。甚至教授计算机的教师都感受到这一点，他们发现，许多学生在老师指导入门后，很快地就超过了老师，最后就变成了相互学习。在有计算机的家庭里，孩子常常成为父母的老师，因为除了他们，几乎没有人可以教父母如何应付不断涌来的知识、信息和技术的潮水。美国麻省理工学院媒介实验室的研究人员为此提出"以孩子为师"，并倡议改变以往的教育观念。

其实，生活中很多细心的爸爸也会发现，孩子的确有很多让自己不得不佩服、不得不学习的地方。

许某是一家音像店的老板，最近他发现自己9岁的儿子强强常把自己看过的漫画书和CD盘带出去，许某问孩子把东西借给谁了，但儿子的回答却让他大吃一惊，"借？没有啊！我把漫画书打九折卖给同学了，CD嘛，和同学交换了。"许某简直不敢相信自己的耳朵，"那是爸爸买给你的书啊，你怎么能把书卖了呢？"儿子却满不在乎地回答："可是我已经看完了呀！放在那里没有用，还不如打九折卖掉，同学也高兴，我还可以存钱买新书。爸爸，你不是做生意的吗？怎么不理解我呢？"许某仔细想一想，忍不住笑了，孩子的办法多聪明啊！第二天，他在自己的音像店门前挂了个牌子"以旧换新，两张旧影碟，可换一张新影碟，同时本店从即日起出租影碟，欢迎光临！"结果店里的生意从此红火了很多，许某高兴，孩子更高兴，他郑重向许某许诺："我要好好学习，然后出国留学，以后要做个大商人，经营很大的一家公司。"

生活中有很多强强这样的孩子，他们不仅成绩优秀，而且还有与丰富生活相适应的多种能力，比如说，对足球、流行元素了如指掌，对家用电器样样精通，他们英文娴熟，当你被电器上的各种按键、电脑上的条条指令弄得眼花缭乱时，孩子却可以轻松应对这一切。因此，以孩子为师并没有什么丢人的，这样反而可以增加爸爸与孩子交流的融洽性和趣味性，并促使孩子不断学习和进步。

中篇

如何做一个新时代的好爸爸

一

好爸爸知道：潜能影响孩子的一生

你也许不知道，儿童虽然具备潜在能力，但这种潜在能力是有着递减法则的。也就是说，生来具备 100 度潜在能力的儿童，如果从一生下来就给他进行理想的教育，那么他就可能成为一个具备 100 度能力的成人；如果这个教育从 5 岁时开始，即便教育得非常出色，那么最多也只能开发出 80 度的能力。现在你应该知道，在这个智力发育的关键期，能否对孩子进行很好的开发和启蒙，是决定其今后智力与能力高低的关键因素。那么，你又知不知道该怎样去做？

教子成龙从培养孩子主动性开始

其实，孩子们有一种天生的主动性，他们很小的时候就有干一些事情的欲望，可是生活中太多的爸爸却都放不开手，担心孩子做不好、会伤害自己，结果他们的"好心"压制了孩子的主动性，让孩子变得懒惰无能，处处依赖父母。

爸爸们应该知道，孩子们从一降生到这个世上起，就充满了强烈的参与欲望，希望能加入这个社会中，同别人一样能够做许多事，这是孩子寻求自立的重要过程。这种欲望便是学习的动力，是一种可贵的探索精神。

所以，我们应不断地培养孩子们的独立自主能力。我们应当在他们一出生时就开始这样做，并持续到他们成人为止。生育一个孩子是十月怀胎的事，而培养一个孩子将会用一生的精力。我们相信自己的孩子会茁壮成长，我们应当用这种态度去解决和处理孩子成长时期的每一个问题。我们的孩子需要鼓励，需要我们尽全力帮助他们发展和保持这种勇气。

有一天，爸爸发现2岁的鲁尼正试着把爸爸掉在地板上的袜子塞到整理箱里，于是他开心地把鲁尼抱了起来，并决定让鲁尼做自己的"助手"。

"宝宝，地上有一张纸，帮爸爸捡起来放到垃圾桶里去。"

"宝宝，爸爸现在很忙，你自己学习把玩具整理好，好不好？"

鲁尼上完小学后，爸爸分配给鲁尼的任务就多了许多，也不再是简单的工作。"鲁尼，你是我们家的男子汉，去超市买两桶油吧！"

鲁尼中学毕业后，到纽约上大学去了，爸爸在电话里问他："有什么不习惯的地方吗？爸爸可以帮你做什么呢？"

鲁尼在电话中回答："除了想你和妈妈之外，没有什么不习惯的，我会照顾好自己！"爸爸知道自己的孩子已经具备了很好的独立生活能力，是一个有责任感的孩子，内心充满自豪。

然而，在我们的生活中，也不缺乏这样的一些孩子。有的孩子上了高中，甚至考入了大学，仍然缺乏应有的独立能力，报纸曾经报道过一个大学生因为无法独立生活而退学的事。同样的孩子，为什么有的孩子行为果敢，独立生活能力很强，而有的孩子则遇事犹豫不决呢？这与我们的教育有关。

教育学家指出，在孩子两三岁的时候，随着孩子生理结构和功能的发展以及能力的增强，开始出现独立意识的萌芽，这时候孩子非常希望自己尝试和参与成人的活动，家长就应该引导孩子去做他们力所能及的事情，让他们在日常小事中体会到成功的喜悦，从而增强自己独立处理事情的自信心，这样在以后遇到更大的挑战的时候不至于不知所措。

基于此，爸爸们可以根据孩子的年龄，交给孩子一些易于完成的任务，通过劳动使其懂得要尊重他人的劳动成果，逐渐形成义务感、责任心，并且在独立完成任务的过程中，培养独立性。

有位爸爸带 3 岁女儿乘车时，一定要把买票的钱交给女儿，让女儿帮他买票。这位爸爸的做法相当不错，买票只是很简单的事，但却会提高孩子做事的信心，增强孩子的独立性。

当然，培养孩子的独立生活能力不是一件简单的事，这既需要父母的慈爱之心，也缺少不了严格的独立生活能力训练。作为爸爸，我们应该有意识地创造机会，让孩子在实践中培养能力，从事一些为家庭和班集体服务的劳动。能力的培养是一个反反复复的训练过程，是一个需要不断强化的过程，所以爸爸要多鼓励孩子，决不要因为出了点问题而中断训练。不要怕孩子干得慢、效果差，也不要因为怕麻烦而剥夺孩子从小动手的机会，为了达到培养孩子独立生活能力的目的，应该让孩子经受一定的挫折体验。总之，孩子的独立能力关键在于后天的培养和训练。

孩子手巧心会更灵

"孩子的智慧在手指上。"这是一句至理名言。开发孩子的智力，最简单而高效的方法就是运动双手，特别是幼儿时期，孩子大脑发育很快，双手动作灵活便能促进头部机能的发展，使大脑变得更聪颖。

然而，0~3岁的婴幼儿不可能自己去寻找刺激，那么如何给婴幼儿不断输入新信息、新刺激以促进脑细胞神经突起的生成呢？这就必须依靠外界的帮助，婴幼儿的父母则是关键所在。幼儿在学会独立行走后，眼界就更加开阔了，孩子会表现出极强的学习欲望，好说、好问、好动，模仿能力也特别强，喜欢简单的游戏，甚至不愿接受大人的帮助。爸爸们千万不要错过这一婴幼儿的学习旺盛期。

根据婴幼儿的生长特点，我们提倡：

1. 让婴幼儿充分、自然地发展。孩子想做什么，就让他去做什么，但要正确引导，不可一味地纵容，让孩子养成不良习惯。幼儿在自发行为中自觉主动地去接收新信息、新刺激。由于有些父母不了解这一时期孩子的成长特点，把幼儿"好说、好动"的天性误以为"多动症"，而滥用镇静剂，殊不知这种做法正是父母亲手扼杀了孩子的创造力。

2. 培养孩子的语言能力。语言能力是孩子智力发展的一个主要标志，可以促进孩子的观察力、记忆力、想象力及思维能力的发展。建议爸爸每天抽出一定的时间与孩子交谈，给孩子讲故事、讲一些简单的自然科学知识，这不但锻炼了孩子的语言能力，还能够让孩子获得丰富的知识，日积月累，孩子的兴趣也会日益广泛起来。

3.加强用脑，促进脑成熟。孩子的动手能力是对大脑发育最好的刺激。3岁前爸爸应该教幼儿握笔、写字、做手工、拿筷子等，动手的同时就将新的刺激源源不断地输入大脑。脑的使用愈频繁，脑的成熟度就会愈高，也就是我们平时说的"脑子越用越灵"的道理。

有想法的孩子才有出息

清朝的一位哲学家指出，成年人保持一定的"童心"是人生能够成功的前提。现代研究也发现，过早就变得很世故的人往往不能成就大业。所以提醒爸爸们，应该尊重孩子，因为相对某些成年人而言，也许他们离真理更近些，因为他们至少没有迷信、偏见，只有一颗探索一切的晶莹透明的心！

如果爸爸们仔细观察，肯定会发现一个有趣的现象：孩子们向父母询问的往往是"大"问题，例如，天有没有边、人是从哪里来的、有没有外星人，等等。其中有些问题甚至对今天的自然科学来说还是未解之谜。而我们成人所关心的往往是"小"问题：鸡蛋多少钱一斤、张三什么时候退休、李四"麻艺"怎么样，等等。

但是只对"小"问题感兴趣的成人却拥有"话语霸权"，于是他们中的不少人认为孩子们所关心的那些"大"问题是"瞎胡闹"，经常冷眼对之。有些身为父母的人甚至认为孩子应该像自己那样"世事洞明"、"样样精通"，成为"小大人"才是聪明的孩子。

这是一种荒谬的想法。例如，在我们成人世界，人们经常用"那个人太天真"来对某个人表示鄙视，天真成了一种缺点。然而在孩子的日常生活中，经常都会出现一些天真的言语或行为，例如孩子经常说"我要当科学家"、"我要当总统"，等等。

一般来说，孩子特别珍视他们这些天真的梦想，幻想对于孩子是一种珍贵的财富。心理学研究表明，这主要是心理暗示在起作用。当人们受到暗示认为自己将成为一个大人物的时候，就对自己产生了正面的暗示，长此以往就会在自己的心目中固化，形成一种正面的自我意象，最后就对自己的人生产生积极的影响，从而获得成功。

心理学和社会学都得出的结论是：没有一点天真的情感以及幻想的人是不会有太大成就的，对孩子来说更是如此。

有个小学生写了一篇作文，自己还拟了一个标题：苍蝇是从哪里来的？小作者在这篇不足百字的短文中说：他有一次摘下一个花朵，看见里面有许多小小的苍蝇，所以他认为苍蝇是从花里钻出来的。爸爸对孩子的作文大加赞赏，这个孩子受到了鼓励，在后来的学习中勇于探索，成了一个很优秀的学生。

但是大部分"胡思乱想"的儿童却不能像这个小作者这样幸运。即使在目前，很多人往往将这种作文视作"胡思乱想"，因为很多中国的父母是不懂得这种"古怪"想法的宝贵之处的。而在西方国家，这却是受到高度重视的。

事实上，想象力是人类智慧的第一缕曙光，缺少幻想的人生是苍白的！然而孩子的想象力却常常遭到大人的嘲笑！这是一件令人感到悲哀的事情：孩子的想象力就是在成人的误解中消失的！

人各有各自的兴趣与喜爱，不能勉强，也不应勉强。千百年来，我国有许多这方面的古训。通俗的如人们常说的"萝卜白菜，各有所爱"，就是说有的人喜欢吃萝卜，有的人喜欢吃白菜，彼此不要勉强。文雅一点的古训有："人各有志。"

对于大人，这一点大家都认识得比较明确。但是对于孩子，有的父母在这一点上的认识容易模糊。他们多不愿承认孩子，尤其是自己的孩子也有自己独特的兴趣与爱好。例如，强迫坐不住的孩子弹琴，以致孩子只得弄伤自己的手指来反抗；不顾孩子的抗议，父母像催命一样催促孩子写字画画。

这是学习上的不同兴趣与爱好。一个人的不同兴趣爱好还可以表现在生活上的诸多方面。在休闲娱乐方面，有的人喜欢哼几句戏曲和小调；有的喜欢下棋或玩牌，等等。这些都是客观上存在的。你承认也好，不愿承认也好。在今天我们改革开放的多彩多姿的生活里，人的个性和兴趣得到较充分的发展，在服饰等各方面，也有了较大的自由，更是五彩缤纷。这些事情我们有些父母也逐渐开始认识，但是在对待子女上，他们则常常喜欢用一个陈腐的尺度来衡量。但这只是大人的事情，对小孩子不能有或不应有。

随着孩子进入中学，孩子逐渐懂得爱美和爱漂亮，孩子们在衣服的样式、颜色上逐渐开始表现出自己的喜爱，甚至与父母争论。

　　为了避免出现这种情况，同时也是为了更好地挖掘孩子的潜力，爸爸首先就要承认孩子的兴趣与爱好；其次就是要尊重他们的爱好和兴趣。发型、服装只要不是极为怪异，不是下流低级，就应该允许孩子有自己的选择。当然，在承认与尊重的前提下，父母还是可以进行适当引导的，培养孩子高尚的趣味和情操。

陪孩子玩出精彩

　　孩子贪玩，是一个令父母感到头痛的问题。其实，父母们应该知道，玩是孩子的一种天性，是他们对周围世界感到好奇的行为表现，事实上，很多孩子往往是在玩耍中学到知识，加深对客观世界的认识的。哈佛大学著名儿童心理学专家组成的"发现天赋少儿培育计划"课题组，在对世界各地近 3000 名 10 岁以下儿童进行跟踪调查后发现，在被认为是聪明过人的孩子里，87% 都有"强烈的好玩之心"。因此，提醒爸爸们，不要把孩子限定在你规定的"框架"里，"纵容"你的孩子开怀地玩耍吧，也许你会培养出一个好玩的好孩子。

　　朱畅从小就是个特别贪玩的孩子。每天放学后，朱畅不是拿着他自制的"捕虫器"到田野里捉虫子，就是带着其他几个孩子拿着一个放大镜到田间地头，观察庄稼的叶子。

有一段时间，爸爸对朱畅贪玩的行为十分恼怒，还多次没收了朱畅的一些玩耍工具。但这并不能阻止孩子的贪玩，朱畅总是有很多的"鬼点子"，今天玩耍的工具被没收了，明天他又能做出一个其他的玩耍工具。老师说朱畅够聪明，只是没有把主要精力用在学习上，所以学习成绩平平。爸爸更是着急，不知道究竟怎么办才好！

　　小学毕业后，朱畅并没有考进"重点"中学，在一所普通中学里学习成绩也只是"中等偏上"而已。但朱畅制作航空模型的水平却是出了名的，他制作的航空模型不但在学校和市里获了奖，而且还参加过省级赛事。2002年，朱畅还是一名初三的学生，那一年在老师的指导下，由他设计的航空模型获得了全国大奖……

　　教育学家认为，对于孩子来说，玩是学习，游戏是学习，学习本身也是学习。事实上，我们也很难找到一个不喜欢玩的孩子！父母之所以害怕孩子玩，是怕孩子玩得太出格了，因此限制孩子玩。

　　一个懂得教育孩子、会培养孩子的爸爸，理应把陪孩子玩当成亲子教育中最重要的一环。让孩子充当"玩"的主角，感受玩的乐趣，在玩中加深对世界的认识，这才是我们的任务。

　　在与孩子玩的过程中，爸爸可结合"玩"的内容，培养、引导孩子对事物的兴趣。比如，捉蜻蜓后，引导孩子观察蜻蜓的外形，看看它们各有什么特征，有什么相同和不同的地方，再把它们与其他种类的昆虫比一比，让孩子对自然界的各种小生物发生兴趣。

　　陪孩子玩，也是引导孩子开阔视野、开拓思维的好途径。比如，爸爸发现孩子喜欢玩汽车玩具，在陪玩中就可向孩子介绍不同种类的汽车，以后再带孩子去参观汽车展览会，扩大孩子的眼界，孩子会饶有兴趣地了解各式各样的汽车，在现实生活中又和孩子一起观察汽车，获得更多的知识，启发孩子的求知欲望。

同时，玩也是培养孩子良好品德的有效方法。爸爸在陪孩子玩的过程中，可以针对各种情况进行品德的培养。如带孩子去公园，要教育孩子爱护花木，爬山时不怕苦、不怕累，摔倒了要勇敢，不要破坏文物等。带孩子看电影，就应跟孩子一起做个文明的观众，不大声喧哗、不乱丢果皮纸屑，等等。

为了帮助爸爸们更准确地陪孩子玩好，我们给大家提供了以下几点建议。

1. 观察孩子的喜好。

对于贪玩的孩子，爸爸应该注意细心观察孩子爱玩什么，怎么玩……分析这样玩对孩子身心健康是否有益，是否妨碍和伤害到其他人的利益，是否对社会环境产生不良的影响等。千万不要不分青红皂白就对贪玩的孩子主观地横加干预。

2. 引导孩子去玩。

贪玩的孩子兴趣爱好往往十分广泛，聪明的爸爸不是限制孩子玩，而是把孩子的爱好引向更科学、合理，有助于身心健康的方面。孩子如果爱好广泛又比较贪玩，他们往往玩起来认真投入，不能自制。爸爸应该怎样做呢？我们不妨看看下面这个例子：

小宇喜欢踢足球，放学后就在楼下的小路上踢。尽管场地狭小，仍然玩得汗流满面，还曾踢碎过人家的玻璃。后来爸爸分析，孩子喜欢踢足球是件好事，他在体育课中的长跑项目没有达标，而踢足球也是锻炼长跑的好机会。于是爸爸阻止了孩子在楼下踢球，而是在周末带他到学校的操场上去踢，这一下孩子玩得更尽兴了，这样做的结果既保护了孩子的兴趣，又弥补了体育课中孩子的弱项。

3. 帮孩子合理安排玩的时间。

孩子的兴趣广泛，又得不到合理的安排，往往在玩的时候投入的精力多，占用的时间长，没有节制地玩，造成"贪玩"。改变孩子贪玩的现象，应该是父母帮助孩子合理地安排和选择"玩什么"、"怎么玩"和"什么时间玩"，使孩子能够在"玩"中受益。如父母不妨训练他的骑车、游泳等基本技能。有条件还可以经常带他们郊游、爬山、参观博物馆，等等。

事实上，孩子在"玩"的过程中不仅能开阔眼界，同时也能增长知识。因此，爸爸们应当鼓励孩子去玩，不要把孩子的一举一动都限制在框框里。

允许孩子"搞破坏"

给孩子新买的电动车，被孩子拆得七零八落；旅游时带回来的工艺品小木船，也被孩子给"分解"成一块块碎木片……这几乎是每个爸爸都会遇到的情况，那么爸爸们在这种情况下通常会有什么反应呢？大声呵斥，耐心劝导？不，我们给家长的建议是，您何妨纵容孩子一次，满足孩子的好奇心，让孩子在"搞破坏"中提高创造力，不也是一件好事吗？

希尔是个生活刻板严谨的人，做事情总是规规矩矩。但这么一个讲究纪律的人，却有一个最调皮捣蛋的儿子布鲁克林。

布鲁克林是个9岁的孩子，成天都在不停地动，不知疲倦地摔碎器皿，弄坏东西，惹是生非。他与他的父亲在个性上是两个极端，因此两父子之间的战争一天之中不知要发生多少次。

有一次，布鲁克林把舅舅送给他的望远镜拆开了，想看看里面究竟藏了些什么，这自然会招致他父亲的愤怒。不过，拆东西可算是布鲁克林最大的爱好了，凡是让他感到好奇的东西，都逃不过被拆的命运，当然因此他也没少挨父母的打骂。可是无论父亲怎么打骂，他的这个毛病始终也改不了。

还有一次，布鲁克林竟然把一块金表给拆开了，要知道这块表是布鲁克林故去的爷爷留下来的遗物，有七十多年的历史。希尔一直十分珍惜，总是带在身上。不久前，表出了点故障，必须拿去修理，哪知还没来得及修，就被他这个调皮的儿子给翻了出来。现在这表被大卸八块，零件散落了一地。希尔立即暴跳如雷，一耳光将儿子扇得坐在地上，而且还准备再冲上去打他一顿。

然而妻子却拦住了他："请不要打了，你这样打孩子太过分了。"

希尔火冒三丈地说："不，这是他应得的！你看他把我的表弄成什么样子。"

"布鲁克林是弄坏了表，但是你认为一块表比自己的儿子更重要吗？"

这时，布鲁克林抽抽咽咽地辩解说："我没弄坏表……我只想帮你把它修理好……"

妻子在一旁气愤地说道："不管布鲁克林是修表还是拆表，你都不应该打他，恐怕又一个'爱迪生'就这样被你给'枪毙'了。"

希尔愣了一下，问道："我不懂你这话是什么意思？"

"孩子拆开金表，他也只是想知道金表里到底有什么，这是一种好奇心，这是有求知欲和想象力的表现，也是一种创造。如果你是一个明智的父亲，就不应该打孩子，而应该理解孩子，要给孩子提供从小就能够动手的机会。"

妻子的话给希尔很大触动，当天晚上他带着金表零件来到儿子的房间，在真诚地向儿子道了歉之后，主动提出和儿子一起修理金表。小布鲁克林原谅了父亲，并答应和父亲一起修理。在这个过程中，希尔才发现儿子原来如此的聪明，手指也非常灵巧，他记得零件应该放在什么位置，甚至还能说出一些零件在手表中所起到的作用。

研究人员发现，手指活动灵巧的孩子，大脑的思维活动往往非常活跃。在手工活动中，孩子进行的拆装、粘贴、装配等一系列动作，都要通过听、视、触等感觉系统传入大脑的运动区，再由大脑的运动区发出指令，不断地调整手的动作，这样反复循环刺激，能使脑细胞的功能得到加强，思维水平得以提高。因此，孩子在他们感兴趣的手工活动中，能够得到智能的发展。遗憾的是很多父母在不知不觉中，总是以种种理由抑制孩子这一好奇心驱使下的美好天性。

想要做好爸爸，就不要怕麻烦，认为孩子搞手工劳动要摊放材料、工具，弄得家里凌乱不堪；也不要怕孩子弄脏衣服、弄脏了手。爸爸不妨为孩子提供专门的衣服、擦手的抹布。至于孩子使用剪刀、针等危险工具时，爸爸开始可以指导孩子使用，以后再逐步让孩子独立使用。这样既可以避免孩子初次使用时，受到伤害，也能达到训练孩子心、眼、手的协调性和灵活性的目的。实际上，在一些"破坏活动"中，只要注意培养孩子的一些好习惯，许多问题都可解决好。爸爸们千万不要因小失大，使孩子失去锻炼自己的机会。

让孩子在玩玩具时尽量随意玩耍，甚至允许他们拆装玩具或是将玩具搞坏，这都有利于提高儿童的智商。应该鼓励儿童破坏玩具，把其中的部件拼装成为新的东西，而不是强调让他们按照玩具设计的玩法来玩。爸爸也不应当对孩子强调，哪些玩具是专门让男孩玩的、哪些是女孩玩的，孩子应当玩各种各样的玩具。

二

好爸爸懂得：备加呵护孩子的心灵

　　每个孩子都是天使，只要你给予他们一缕缕的阳光，一滴滴的雨露，哪怕他们没有极好的天赋，没有强壮的羽翼，同样可以飞翔，同样可以拥有美丽。作为爸爸，当孩子的内心亮起红灯时，你需要用心倾听他们内心深处的呼喊，需要用父爱去呵护他们稚嫩脆弱的心灵。

警惕无意间伤了孩子的自尊心

　　俗话说，树活一张皮，人活一张脸。人的面子是很重要的，尤其中国人更爱讲面子。这不是坏事。可惜往往大人只知道自己的面子，而不注意孩子的面子。小孩子也有他自己的面子，尤其是在他们生活和玩耍的圈子里，如是他们的这种尊严被伤害，他们感受到的耻辱往往比父母还厉害。

　　说起面子，我们更喜欢用另一个词汇：尊严感。因为面子往往是指一种表面的虚荣，而尊严感则是一个人对自己人格的尊重。培养孩子的尊严感直接影响到未来。历史上那些成功人物虽然个性不一，但是研究表明，他们都有一个共同点：都具有强烈的尊严意识，都多少有点"士可杀，不可辱"的意味。

所以奉劝父母，绝不要伤害孩子的自尊心。可遗憾的是，父母无意间伤害了孩子的自尊心却是常有的事。

一位企业家说过一件他孩童时的事情。他生来不会唱歌，唱起歌来声音像个烂沙罐。上小学二年级时，班上举行唱歌比赛，他只得在家里练唱。父亲听了很烦躁，就说："你这哪里是唱歌，是在号叫！"这句无意中的评价使他不但对练歌失去了信心，连上学都感到痛苦。

当然，这句话如果是出自他的一个同学，他虽不愿听，但他还可以同他吵，甚至回敬他一句："我是号叫，你是猪叫！"但是这种话出自自己的父亲，他所信赖、尊敬和依靠的人，他就无法反驳了。因此这种伤害可能是无法弥补的。

还有一种无意的伤害，那就是父母总喜欢把自己的孩子看作不懂事的孩子，所以什么事情他们都可以代替孩子作主。其中最常见的情形是：孩子的同学来找他出去玩，爸爸也不管孩子是愿意还是不愿意，就不假思索地代他说："看书，不去。"

爸爸虽然不是有意伤害孩子，但孩子会觉得在同学面前很失面子。因为孩子进入小学后，他有自己的生活圈，他的朋友，他的世界，在他那个世界里，孩子在心理上认为自己是独立的，他有他自己独立的人格，可以不受父母的控制。爸爸在孩子的朋友和同学的面前指导或者指示他的行动，等于向孩子的朋友们表示他还必须在父母的指示下生活，没有独立能力，孩子当然会觉得很扫面子。因此，为了维护自己的面子，有时孩子还会故意不听话。同时，一旦同学们发现某人每样事都不能作主，就不会再找他玩耍，而且不再接受他。这样也有损于孩子社会性的发展。所以，除非迫切地需要，除非孩子的同学和朋友所提出的要求极端不合理，是邀孩子出去胡闹，需要当面立即禁止的话，爸爸对孩子的教导应该避免当着孩子的朋友或同学的面进行。有什么不对和不妥的地方，应该等到他单独一个人的时候，再提醒他："刚刚……"孩子就会容易接受得多。

遗憾的是，孩子的这种心理往往不易被父母所理解，更易为父母所忽视，以致产生一些必要的争执和伤害。这些都值得每个做父母的人警惕与注意。这里就存在一个尊重孩子的独立人格的问题。

父母要求子女尊重父母，这是天经地义的。这既是我们中华民族的传统美德，也是古往今来、中外公认的道德。但是，今天在这里我们谈父母也要尊重子女。可能很多做父母的人会认为这是难以接受的。父母是长辈，子女是晚辈，所以子女尊重父母天经地义，千百年来历史如此。千百年来的古训是"子不教，父之过"，却从没有听说过父母有尊重子女的责任。然而，这并不是说受教育和被教育者就不应该受到应有的、起码的尊重。当然，这个尊重主要是指他（被教育的人）的独立人格。

父母应该尊重孩子的独立人格。一个孩子养到八九岁，他就会有独立的意志和欲望，尤其是进入中学以后，他会在心理上认为自己有独立的人格。他已经有一些善恶和是非的标准与概念。而对孩子的这些概念，只要不是错误的，我们就应该尊重。事实上，很多爸爸都这样做了，谁也不会有意去侮辱孩子，伤害子女的独立人格。甚至孩子如果在外面受了委屈，我们都会愤愤不平。但是，在日常生活中，我们有时会无意间伤害孩子的自尊和侮辱了孩子的人格，这并不少见，只是未能引起我们足够的重视罢了。

所以在这里再次提醒爸爸们，一定要学会尊重孩子的独立人格，尊重孩子的自尊心，不仅如此，一个好爸爸还应该培育孩子的自尊心和人格。试想，一个没有自尊心和没有人格的人，又会是一个什么样的人呢?! 一旦一个孩子失去了自尊，也就会丧失了前进和奋发图强的意志和勇气。

举个例子说明一下:

一些不用功和粗心的孩子，在做练习，甚至考试中常会把一些极简单的试题做错。爸爸看了孩子的作业本或试卷，发现孩子连简单的试题都答错了，感到气愤和失望，于是可能会骂:"这么简单的题目都不会做! 你还能做什么!"有的为了刺激一下孩子，还故意辱骂一两句:"你真是白吃了几年饭! 你是小学一年级吧!"

当然，这种话也可能促使孩子深省，从而产生奋斗的决心。然而更多的情况是，这种讽刺话只能刺痛他一下，但并未能使他悔悟，认识自己不用功或粗心大意的错误与缺点。事实上，每个小孩都愿意大人说他们聪明能干，爸爸骂他"和小学一年级学生一样"等于断言"你的天资差"，当然只会使孩子泄气。照理说，在孩子受到老师或别人责骂"你什么都不会"时，作为父母应该鼓励、支持孩子:"爸爸相信只要你好好做，认真地去做，一定能做得很好。"

而且事实也是这样，不管外人怎么说他不行，只要孩子的父母承认孩子的能力，相信孩子的能力，支持和鼓励孩子，最后孩子就一定会努力拼搏，而不会沉沦下去。反之，如果父母首先就把自己孩子的才能否定了，孩子当然就会无所依靠而丧失信心，结果什么都不想做。

还有一种讽刺话也是不能说的。有的孩子本来对父母依赖性很大，读书做功课都要父母催，做事要父母喊。后来孩子由于某种原因改变了，自动念书做功课，而且还自动帮助爸爸妈妈做家务了，于是爸爸觉得很惊讶，不自觉地说了一句："今天怎么太阳从西边出来了！"或者说："今天这孩子怎么变得我认不出来了？是跟隔壁小明学的吧？！"

爸爸原本是表示对孩子进步的高兴，只是有些意外，所以说了这种带有刺儿的话。不过，即使是开玩笑，这种讽刺话也不要说为好。因为它同样可能伤害孩子的自尊。俗话说得好："说者无心，听者有意。"

别让孩子瞧不起自己

生活中，很多孩子都存在着自卑心理，他们看不到自己的长处，总觉得自己不如别人。他们对自己各方面的评价都很低，有的孩子甚至在父母面前也会感到自卑。这种自卑心理会给孩子带来极其严重的影响。试想一个瞧不起自己的孩子，怎么能获得成功呢？因此，好爸爸们就要想办法帮孩子消灭自卑心理。

君君是个 16 岁的男孩子，刚刚升入重点高中，他性格内向，有很深的自卑心理。爸爸对同事抱怨说："我不知道这孩子一天到晚在想什么？别人的孩子都那样自信活泼，可我的孩子却……"君君到底在想什么呢？请看他的一段内心独白："上了高中后，我心里常被一些说不清、道不明的莫名其妙的感觉袭扰，并且越来越严重。有时心里空荡荡的，没着没落；有时又乱哄哄的，不知应该做些什么。同学们都在争分夺秒地学习，准备升学，可我听课时定不下心，作业懒得完成。我这样一个无用的人，将来能做些什么？升学，我能考上吗？经商，我哪有这样的天赋？靠弹钢琴挣钱养活自己，可我又哪有那么大的能力呢？同学们整天都在忙忙碌碌、紧张地学习，空闲时间还三五成群、欢呼雀跃地参加文体活动及各种竞赛，可我无论做什么事都犹犹豫豫、忧心忡忡，拿不定主意，经常因为害怕失败而退避三舍。我终日六神无主，心灰意冷，学习成绩不断下降，听课、写作业成了一种负担，只能靠画画打发时间。生活是这样索然无味，我真心希望自己将来能有所作为，至少成为一个能自食其力的人，可我又总是缺乏把一件事坚持做到底的信心，因为我不相信自己有做好一件事的能力。在同龄人面前，我总感到自己比别人矮一截，有时甚至觉得别人看我的眼神都是鄙视和冷漠的。像我这样一个多余而毫无价值的人，生活在这个世上还有什么必要？真不如死了的好……"

儿童心理学家告诉我们，孩子的自卑往往是由于自我评价过低导致的。一些自卑的孩子，往往认为自己处处不如人，这也不好，那也不行，比如这个故事中的君君，他就是把自己贬低得一无是处。而事实上，他既然能考进重点高中，起码他的学习成绩就应该不错；他会弹钢琴、会画画，说明他应该是个多才多艺的孩子，但他却偏偏看不到这些，反而沉浸在自卑的情绪里。一个人认为自己是怎样的人比他真正是怎样一个人更重要。因为每个人都是按他心中的设想而行动的。自卑者不能全面、客观地评价自己，他们往往拿自己的缺点和别人的优点相比，看不到自己的"长处"和"过人之处"，却对自己的短处和缺陷妄加评判，形成消极的自我概念。这是一种认知悲剧。

那么怎样才能帮孩子建立自信呢？心理学家认为，要做到这一点，首先就得让孩子喜欢自己、悦纳自己。爸爸们应该这样去做：

1. 告诉孩子，不是只有你自卑。

著名的精神分析家阿德勒曾说过，所有的人都有那么一点自卑，无论他是高官巨贾还是市井平民，概莫能外。也就是说，自卑感是一种普遍存在的心理状态。其实适度的自卑可以使人认识到自己的不足之处，从而激发人奋发向上，拼搏进取。因此，自卑感及其对它的克服、超越，可以使人完善自我，是人走向成功的起点和桥梁。如果没有自卑感，也就没了进取心。其实人人都会产生自卑，只是程度不同而已。爸爸们要把这个事实告诉孩子，引导他们正确对待自卑，不要只让他们看到自卑的危害，更不能让他们因为自己自卑而自卑。

2. 引导孩子全面地评价自己，走出认识上小误区。

一些孩子在做自我评价时，往往只看到缺点，看不到优点，而且有时评价的也不够全面。比如，孩子常会这样说："我笨死了，学习成绩不好！""我不够聪明，总是反应慢！"其实评价应该是多角度的，不能只看学习成绩。爸爸应该引导孩子从以下几个方面分析评价自己：①学习能力，如观察力、记忆力、思维力、创造力、想象力和实践能力；②特殊能力，如绘画、音乐、书法、写作、体育运动等；③学习态度方面，如兴趣、爱好、勤奋、竞争意识和独立性等；④人品和个性特征，如自我控制和自我调节以及道德品质、理想信念等。爸爸们可以让孩子列举出自己的优缺点，让孩子把它们写在一张卡片上；再请其他的同学在另一张纸上列出孩子的优缺点，两者比较，以得出比较客观的结论，并提醒孩子多注意自己的优点，增加自信心。这样孩子就会欣喜地发现，原来自己有那么多的优点，并不是一无是处的。

3. 教孩子一招自卑补偿法。

爸爸应教育孩子在遇到挫折的时候，从多角度辩证地看问题，形成"合理化认识"。如，当考试成绩差时，可以强调考试时临场发挥不好或考试环境不利等其他外在原因，以减轻自身的压力。同时，要教孩子利用自卑补偿法和转移等心理防御机制以保持心理完整或平衡，认识到某一方面的缺陷和不足可以通过其他方面的完美和丰富进行补偿和纠正。通常可以使孩子从两个方面进行心理补偿，一是以勤补拙。如果某方面的不足，是由于自己努力不够而潜力没有充分发挥，那么就以最大的决心和毅力去使缺陷变为完美。二是扬长避短。如长相平平，就可以用优异的成绩来补偿；学习一般，可以通过训练，诸如书法、雕刻、绘画、音乐等获得他人所不及的特殊能力。"失之东隅，收之桑榆"，理智地对待缺陷，寻找合适的补偿目标，从中汲取前进的力量，就能把自卑转化为一种奋发图强的动力。

4. 让孩子多给自己一些积极的暗示。

著名心理学家莫顿曾提出"预言自动实现"的原则，认为人们具有一种自动实现预言的倾向。他相信，在我们的心灵的眼睛面前，长期而稳定地放着一幅自我肖像，我们会与它越来越接近。所以，当孩子感到信心不足时，爸爸应该引导他们给自己进行积极的自我暗示，例如，可以让他们把"没什么可担心的，我也行"、"我一定能成功"之类的话写下来，或者大声说出来。

总而言之，爸爸应该帮助孩子重新认识自己，不要只盯着缺点不放，当孩子开始喜欢自己、接受自己时，他们也就成功地远离了自卑。

赞赏可以创造奇迹

中国的父母相信对孩子一定要严管，因此当孩子在学习或生活方面做得不尽如人意时，他们就会抱怨，就会责骂孩子。然而这样做究竟有何益处呢？孩子会说：反正我就是没出息了，怎么做也没有用。因而自暴自弃，一蹶不振。这样的结果一定不会是爸爸们希望看到的，因此做爸爸的应该试试赏识教育，肯定孩子的长处和点滴进步，你会发现，孩子在一天天地进步，你的赞赏创造了奇迹。

我们来看看一则真实的故事：

纽约的黑人贫民窟环境肮脏、充满暴力，而在这儿出生的孩子，耳濡目染，他们从小逃学、打架、偷窃甚至吸毒，长大后很少有人从事体面的职业。然而，这里却诞生了美国纽约州历史上第一位黑人州长。

罗杰·罗尔斯就是那个创造奇迹的孩子。罗杰·罗尔斯读小学时是个非常调皮的孩子，就像他的同学一样。他们不与老师合作，旷课、斗殴，甚至砸烂教室的黑板。老师、校长想过很多办法来引导他们，但是仍没有用。

这一年，小学来了新的董事兼校长——皮尔·保罗。皮尔·保罗想尽办法来改变这些孩子们，他发现这些孩子都很迷信，于是在他上课的时候就多了一项内容——给学生看手相。他试图用这个办法来鼓励学生。

轮到罗尔斯时，皮尔·保罗校长说："我一看你修长的手指就知道，将来你是纽约州的州长。"幼小的罗尔斯大吃一惊，因为长这么大，除了奶奶说过他可以成为五吨重小船的船长外，从来没有人相信他今后能有什么成就。而这一次，皮尔·保罗先生竟说他可以成为纽约州的州长。他记下了这句话，并且相信了它。

从那天起，"纽约州州长"就像一面旗帜，引导罗尔斯在以后的 40 多年间按州长的身份要求自己。罗尔斯的衣服不再沾满泥土，说话时也不再夹杂污言秽语，罗尔斯不再逃课、不再与老师作对。他开始挺直腰杆走路……终于在 51 岁那年，他成了纽约州的州长。

在就职的记者招待会上，面对记者对他为什么能取得如此成就的疑问，罗尔斯只说了一个名字：皮尔·保罗。

按照中国"近朱者赤，近墨者黑"的说法，罗尔斯确实创造了一个奇迹。而这个故事也再次印证了赏识教育法中的一个观点：赏识导致成功。

强者来自父母的不断赞美，做父母的应该勇于承认差异，并鼓励孩子逐步缩小差异，不要一味抱怨这不好那不行，对孩子进行百害而无一益的伤害，把本来活泼可爱的孩子变成没有理想、没有志气、庸庸碌碌过一生的人。

不管你相不相信，孩子都是越夸越好，越骂越糟的。当你在责骂孩子时，你就是在向他不断施加心理暗示：你不行的，你不会成功的。试想一下，幼小的心灵怎能抵得过这样的"咒语"，在这样的情况下，孩子不变成庸才才怪。相反，如果你能常常热情地鼓励孩子，孩子就会下意识地按照爸爸的评价调整自己的行为，直到达到你的期望为止。

这里有一个关于著名成功学家拿破仑·希尔的故事。希尔小时候曾被认定为是一个坏孩子。玻璃碎了，母牛走失了，树被莫名其妙地砍倒了，每个人都认定是他干的，甚至连父亲和哥哥都认为他是个无可救药的坏孩子。人们都认为母亲死了，没有人管教是拿破仑·希尔变坏的主要原因。既然大家都这么认为，他也就无所谓了，于是变得更加肆无忌惮。

有一天，父亲说给他们找了一个新妈妈，大家都在猜测新妈妈会是什么样的。而希尔却打定主意，根本不把新妈妈放在眼里。陌生的女人终于走进家门，她走到每个房间，愉快地向每个人打招呼。当走到希尔面前时，希尔像枪杆一样站得笔直，双手交叉在胸前，冷漠地瞪着她，一丝欢迎的意思也没有。

"这就是拿破仑，"父亲介绍说，"全家最坏的孩子。"

令希尔永生难忘的是继母当时所说的话。她亲热地把手放在希尔肩上，看着他，眼里闪烁着光芒。"最坏的孩子？"她说，"一点也不，他是全家最聪明的孩子，我们要把他的本性诱导出来。"从此以后，拿破仑正如他的继母所说的那样，成了全家最聪明的孩子。

继母造就了拿破仑·希尔，因为她相信他是个好孩子。

这就是赏识给孩子带来好的影响的最佳例证，不过要注意，赞赏孩子也要恰如其分，无限地夸大也是不妥的，赏识要有多少说多少。因此，给爸爸们提出如下建议。

1. 用赏识的眼光观察孩子。

在日常生活中，爸爸们务必要注意孩子的行为举止、好恶，在他与别人玩耍、交谈、阅读时观察他，你就会发现你的孩子虽不爱弹琴却喜欢绘画，虽没耐心却有创意，虽不善言辞却很热心，总有他优秀的一面，记下孩子的性格倾向，从而诱导他。

当父母用赏识的眼光来看待自己的孩子时，会发现他们魅力四射。

2. 创造机会鼓励孩子。

赏识不是停留在口头上的赞美，而是一种行动，爸爸们应多给孩子创造发挥他们才智的机会。比如家里人过生日时，鼓励孩子们表演节目；每周一个晚上轮流朗诵短文并发表心得；每月办一次派对，邀请孩子的朋友参加，每人献出一个绝活……

此外，随时找机会让孩子帮你忙，拿报纸、取牛奶、收衣服……越做越有信心，孩子才不会退缩在自卑自闭的角落里。

3. 多给孩子一点时间。

赏识就是一种宽容，既然给孩子机会，就需耐心等待孩子发挥潜力。有些爸爸嫌孩子做不好事，干脆自己来，孩子也乐得坐享其成，而让自己的"天资"睡着了。还有一些爸爸，当孩子一时达不到自己的要求时，就一味地指责、批评，孩子的潜能就被压抑住了。

总而言之，爸爸们一定要记住，不要吝啬把赞美和掌声给予你的孩子，因为即使是个天才，也同样需要成功的体验来积累信心。

给孩子"天才的感觉"

　　每个爸爸都希望把自己的孩子教育成才，而教育学家告诉我们，要想成功地教育孩子，首先就要给孩子塑造"好孩子"的感觉，只有孩子坚信自己"行"，他才能够成才。

　　如果家长想知道这种心理暗示的作用有多大，那么就请看下面这个故事：有一位热爱音乐的青年，在音乐创作的道路上摸索了很久，进步却很小。因此，他经常怀疑自己是否有音乐天赋，对未来前途感到十分迷茫。后来他决定去拜访柏辽兹，希望这位他最崇拜的大作曲家指点迷津。

　　青年人演奏了一首自己创作的曲子后，诚恳地问："柏辽兹先生，您认为我适合从事音乐创作吗？"

　　柏辽兹听出来，青年人的演奏虽然很熟练，却缺少某种灵气，很显然，他对音乐的理解还停留在很浅的层次，甚至可以说根本缺少灵感。一个学过多年音乐创作的人，仅仅达到这个水平，可不是缺少天赋吗？因此，柏辽兹坦率地说："年轻人，我毫不隐瞒地对你说，你根本没有音乐才能。我之所以痛快对你下结论，是为了让你趁早放弃，另寻出路，免得浪费时间。"

　　青年人一听，此言正好证实了自己的疑惑。他大失所望，带着羞愧不安的心理向柏辽兹告辞，然后垂头丧气地走了出去。

　　柏辽兹的话刚出口，便感到懊悔：这对青年人的自尊心和自信心是一个多么大的打击呀！再说，自己的那番话未免太绝对了，一个人的大赋有欠缺，可以用勤奋弥补，即使达不到极高的境界，也会有所作为的，为什么要叫人家放弃呢？因此，他决定采取补救措施，挽回青年人的自信心。

柏辽兹赶快打开窗户，看见那个青年人正垂头丧气地走在街道上。于是他从窗口探出头，叫住青年人说："我不改变刚才对你的评价。但是，我认为有必要补充一句：大师们当年对我也是这么说的。记住，你和我当年一模一样，是的，一模一样！"

青年人一闻此言，顿时精神大振，重新树起了信心。多年后，他经过刻苦努力，终于成为一个知名的作曲家。

柏辽兹是这个年轻人最崇拜的人，因此，从柏辽兹口中说出的每句话都可能带给年轻人深远的影响。当柏辽兹断言年轻人没有音乐才能时，年轻人立刻失去了信心，而且很可能因此放弃自己在音乐方面的理想。幸好柏辽兹很快纠正了自己的错误，他的那句"和我当年一模一样"给了年轻人这样的信念：我和大作曲家年轻时是一样的，那么他的现在就是我的未来，只要刻苦努力，我也可以成为著名的作曲家！年轻人不断努力，而最后他成功了！

这个故事给我们最重要的启示就是：一个人即使不是真正的天才，但只要他找到了天才的感觉，就一定能够成才。赏识教育专家周弘为了鼓励女儿婷婷成才，为了帮女儿找到天才的感觉，为了让她相信自己"一定行"，就费了不少苦心。

首先婷婷的智商是105，而天才儿童的智商底线是130，但周弘却告诉女儿说："智商只能测记忆力，无法测悟性、灵感，而你正是这方面的天才。"另外，他又制造了"海伦·凯勒转世"的故事鼓励女儿、教育女儿。

海伦·凯勒是 19 世纪美国的一位又盲又聋的伟大女性。她 6 岁半时一个字不会说，18 岁时却会 5 国语言，轰动全世界。一天，周弘看《海伦·凯勒传》时，无意中发现海伦的生日是 1880 年 6 月 27 日，脑子一闪，精神为之一振。女儿婷婷的生日是 1980 年 6 月 29 日，天下竟有如此巧合的事！他按捺不住心中的喜悦，赶快把这件事告诉自己的女儿。

"婷婷，太好了，告诉你个好消息。我一直在纳闷，你为什么这么聪明，这么有灵性，原因终于找到了。原来你是海伦的'转世'啊！"

"为什么这么说？"女儿不解地问。

"你看，你的生日跟海伦相差整整 100 年，一天不差。"

"真的吗？"婷婷瞪大了眼睛。

"白纸黑字，一点也没错。"周弘把书递给婷婷。

婷婷接过书一看，有点失望。

"她是 6 月 27 日，我是 6 月 29 日，相差两天。"

周弘不慌不忙地解释道："据我了解，一天不差，海伦妈妈生她时是顺产，你妈妈生你时难产，刚好耽误了两天。"

顿时，婷婷兴奋得两眼放光，仿佛海伦的血液在自己的血管里奔腾，海伦的灵魂在自己的脑海里游荡，感觉找到了！

长大后，婷婷自己讲，海伦给了她无穷的力量，小时候做事遇到困难时，就常常想象自己是海伦·凯勒。

这个故事应该对爸爸们有所启发。为什么现在有的孩子明明不笨，但学习成绩却不好呢？许多家长百思不解，彻夜难眠。其实最根本的原因是找不到感觉。

　　有了天才的感觉，是成为天才的第一步。"天才的感觉"实际上就是一种暗示，这种暗示一旦埋入孩子的心中，就会渐渐发芽，成长为信心的大树。

　　既然周弘这位只有初中文化水平的父亲，都能把天生聋哑的女儿培养成美国名牌大学的研究生，那么我们为什么不能试试正确运用这种方法把孩子培养成才呢？

　　比如，你的孩子数学不好，每次考试都不及格，这时你就可以改掉往日训斥孩子的做法，温和地对他说："爸爸妈妈的数学都很好，根据遗传原理，你一定也具有数学天分，所以加把劲儿，你就一定会考好！"这样做，孩子最初可能会有点怀疑，但你常常这样告诉他，孩子慢慢就会相信：我真的行。一个"行"字消除了孩子对数学的恐惧感，唤起了孩子的求知欲，帮助孩子找到了学习的乐趣，孩子就会因此真的"行"了。

谨防有意无意地心理虐待

　　心理学上有一个术语叫心理虐待。把心理虐待一词用在父母身上有些耸人听闻，其中一些虐待是故意的，法律上明确规定了的，比如毒打；有些则是没有明确的法律规定的，但是这些行为对孩子的身心发展很不利，我们也称之为虐待，包括精神上的虐待。

所谓"心理虐待"又称"心灵施暴"或"情感虐待"，是指那种在幼儿教育过程中有意无意地、经常性或习惯性地发生的伤害性的言行。心理虐待对儿童造成的伤害不像体罚那样显现在外表，在短期内难以看到其负面影响，因此不易引起人们的注意，更难以对其进行量的统计。然而心理虐待给儿童造成的伤害与体罚一样严重，甚至还大于体罚所造成的伤害。

目前，最令人悲哀的是这样一种现象：父母往往物质上对孩子无微不至，而在心理上对孩子却很吝惜，甚至刻薄。

例如以下的做法，对孩子的精神发展非常不利。

1. 对孩子冷漠。

爱的剥夺对孩子的心灵伤害至深。有的父母不缺孩子的吃穿，却对孩子不管不问，不拥抱孩子，不和孩子一起玩，视孩子为负担，把孩子扔给保姆或者爷爷奶奶。这样的条件下长大的孩子感到生活根本就没有意义，对人缺乏信任，冷漠，破坏欲强，容易和其他遭遇相似的孩子混在一起，形成犯罪小团伙，也容易被其他的成年犯罪分子所谓的关心拉下水。一个缺衣少食、干重活的孩子，如果有温暖的家庭，不会造成心理上的不健康，而如果情况相反，孩子的人格发展极有可能出现问题。对孩子幼小的心灵来说，"有奶未必就是娘"。

2. 隔离孩子。

美国曾经有一个极端的案例：一个出生后 1 年多就被关在小厕所的女孩，在 10 多岁被发现时，身体发育、智力发育只相当于几岁的孩子，连说话都不会。现在有些父母担心孩子出外不安全，把孩子关在家里，孩子孤单得不得了。在幼儿园、小学阶段，孩子们就可能受到人际关系问题的困扰。

3. 剥夺孩子玩游戏的权利。

孩子的天性就是爱玩游戏，在游戏中，孩子得到快乐。现在的父母往往对子女期望很高，让孩子每天都是要么做作业，要么参加各种各样的辅导班，让孩子每天忙得喘不过气。不让孩子玩的另一个后果是导致孩子厌倦学习。父母剥夺了孩子玩游戏的快乐，也使得学习中发现新知识的快乐变成了负担。

4. 忽略孩子的进步。

在孩子看来，每当他取得一点进步，就值得好好高兴一番。有的父母不懂从孩子的角度来看问题，或者担心孩子听到表扬之后骄傲，就老是批评孩子，不把孩子的进步当回事儿。久而久之，孩子也会认为自己真是没有用，丧失进步的动力。

5. 损伤孩子自尊。

有些父母在孩子的同伴面前，毫不留情地数落孩子，揭孩子的短，让孩子感到无地自容，这也容易让自己的孩子成为小伙伴们嘲笑的对象。社会心理学有个术语叫作"标签效应"，意思是说，对人的看法就像给人贴了一个标签一样，使得此人以后做出与标签相符合的行为。父母当众说孩子调皮不听话，就是给孩子贴一个标签，以后即使孩子有了改变，别人对孩子的看法还是很难改变。

6. 迁怒于孩子。

有的夫妻因爱成仇，离婚后不许孩子和另一方接触，在孩子面前辱骂另一方。孩子看到自己最亲爱的两个人如此相待，哪里还会相信有真正的关爱？还有的夫妻每当看到孩子就想起对方，不由得怒从心中来，责骂孩子，孩子会觉得自己是多余的。这样的孩子缺乏安全感，容易出现行为问题，将来到了谈婚论嫁的年龄，虽然心中渴望爱情，但是又心怀恐惧，在感情问题上非常敏感，也容易出现问题。

7. 破坏孩子心爱的东西。

小孩子往往有个百宝箱，里面装满了他心爱的东西。另外，孩子对小动物的喜爱、亲近更是一种天性。父母在看待这些东西时，往往会觉得那简直就是一堆破烂。

有的父母不仅自己动手，有时还逼着孩子亲自扔掉、破坏掉这些东西。现在的孩子多有玩具、宠物，有时候扮演了孩子的朋友的角色，孩子无微不至地照顾宠物，对玩具娃娃小心呵护，实际上是在锻炼如何去关爱。

很多父母都抱怨，孩子长大后不知道如何爱别人，不懂得体贴别人，却没有想一想，在孩子小的时候，父母有没有有意识地引导他如何关爱？

不要以为心理虐待没有什么要紧，其实这造成的伤害甚至还大于体罚所造成的伤害。缺乏父母关怀爱抚和鼓励的幼儿比遭到父母体罚的幼儿，其心灵所受到的创伤更深，智力和心理发展所受的损失更大。遭受心理虐待的孩子更容易误入歧途，诱发严重的社会问题。

三

好爸爸明白：性格需要倾心去塑造

有人说"性格决定命运，命运决定人生"。此话不假，很多人一辈子碌碌无为，其实说到底和自己的性格有着很大的关系，而在培养性格的大好时机——儿童时代，他们因为种种原因遗憾地错过了。是的，或许你也错过了，但你决不能让孩子再错过，否则孩子的一生可能就这样被你毁了。

让消极性格远离孩子

积极的性格和消极的性格是很不同的，对孩子所产生的影响差异很大。积极的性格使孩子上进，消极的性格让孩子沉沦。所以预防消极性格是爸爸的一个主要任务。

孩子为什么会产生消极性格呢？这还得从孩子心理发展的规律说起。心理学研究发现，孩子的心理发展呈现下面的规律：

婴儿在出生后的第 6 个月就会有选择地微笑。8 个月时会害怕陌生人，与母亲短暂分离会引起焦躁不安，这表示婴儿在这一时期已经有了一定的心理活动。婴幼儿对父母的感情依赖贯穿于他早期的全部生活，父母的一言一行都可能对孩子产生潜在的影响。

1 周岁的幼儿已与母亲建立了紧密而牢固的联系，与父亲及其他关系亲近的人也有了很好的感情交流。1 周岁时，幼儿已开始希望获得父母的喜欢。这一时期是幼儿学走路、学说话的阶段。幼儿已能控制自己的行为，记忆力、想象力、思考能力逐步形成雏形。对事物好奇心增强，模仿能力迅速增长，已经初步具备喜怒哀乐的情感活动，在此期间幼儿的情绪是很不稳定的，对事情也没有辨别对错的能力。

这是一个人各种心理特征形成雏形的阶段。这一时期，孩子如能得到正确的引导，对他形成良好的性格及心理素质有极大的帮助。如引导不当，则可能发展成一个有各种心理问题的人，例如常产生消极情绪。

具有消极情绪的孩子通常会有下列表现：

1. 经常哭泣。

通常，孩子哭泣是因为饥饿或疲劳，但是哭泣也是减轻压力的一种自然方式。发展心理学家阿利瑟·所特著的《流眼泪与发脾气》一书中说，"哭泣是一种自然愈合机制"，当孩子受到太强的刺激不知如何放松时，他们就垮了下来，然后大声啼哭，这就是为什么在生日聚会上总会有很多哭成泪人的孩子。随着儿童年龄的增长，眼泪仍然是他们在情绪激动时释放压力的一种方式，所以爸爸不要忽视他们的哭泣，应该充满爱意、心平气和地对待。

2. 睡眠不安。

对孩子来讲，夜晚总是很难度过的。把婴儿或咿呀学语的孩子和他们的父母分开，他们会很自然地感到焦虑。在想象力丰富的学龄儿童脑子里，壁橱可能是妖魔鬼怪的藏身之所。如果说你的孩子长期失眠，那一定是有什么事情在困扰着他们。

所以，爸爸最好在睡觉前和你的孩子聊聊天，给他们一个机会说出心里话，这有可能会改善他们的睡眠不佳的现状。

3. 疾病反复。

如果你的孩子叫嚷肚子疼或头疼，但又没有任何外在的症状，那么他可能就是精神紧张。曾经有一对父母正在闹离婚，他们的孩子表现得非常焦虑，不断地去医务室检查，说自己头疼。美国华盛顿的国家儿童医院的儿科主任本·基特曼告诉我们，一旦诊断出疾病，应首先治疗儿童的情绪和心理，而不是身体。

4. 攻击性行为。

"语言能力有限的儿童减轻压力的唯一方式就是咬激怒或欺负他的伙伴。孩子的愤怒可能源于心情压抑。"这就是阿利瑟·所特称的"碎饼干现象"——一个两岁的孩子不大可能由于得到一块碎饼干而感到不安，只是将其作为借口释放早晨郁积的沮丧心情。这时，爸爸应该尽量少告诉他做什么以及如何做，否则只能增加他的压力。孩子需要无忧无虑地玩耍，做自己想做的事情。

5. 过度忧虑。

孩子看到新闻中灾难的报道而害怕是情理之中的事。同样，学生害怕临近的考试也是正常的。但如果他们害怕所有的人和事就不正常了，他们越感到软弱无助，害怕的东西就越多。

6. 说谎和欺骗。

四五岁的学龄前儿童有时会撒谎，但他们经常并不知道他们行为的后果。大一点的孩子在已经能够分清真假的情况下也会撒谎，这大多数是因为他们受到很多的压力。

8 岁左右的孩子更关注自己在学校的表现。

10 岁的时候他们会有诸如"别人喜欢我吗"这样的社交考虑，归根结底，他们想取悦于父母，担心会辜负他们的期望。如果承认自己辜负了父母的期望，他们会感到羞愧。因此，他们就编造了一些父母喜欢听的话，让父母高兴。

7. 拒绝吃饭。

一些挑食的孩子胃口小，没有食欲；另一些在饭桌上明确表示不喜欢某些饭菜，但最终他们会吃掉喜欢的饭菜；而对于可能患有饮食紊乱的孩子，他们就干脆不去想自己饿不饿。如果孩子谈到饮食，简单地把食物分成"好的"和"坏的"，或过量运动以"燃烧脂肪"，这可能意味着你的孩子正在试图通过一种不健康的方法控制自己的身体，从而达到控制压力的目的。

消极情绪对孩子的影响是很大的，所以父母要让孩子远离消极情绪。在这一点上爸爸要以身作则，要在孩子面前保持良好的性格、情绪。当我们烦恼时，应尽量避开孩子，不要当着他们的面发泄。

爸爸应该把孩子培养成为一名乐天派，这对孩子的健康成长是很有好处的。快乐是一种心情，也是一种性格。这两者不同的是，快乐的心情是暂时的，有起有伏；而快乐的性格是长期的，比较稳定。一个人拥有一时的快乐心情是比较容易的，而要拥有一个快乐的性格就不是那样容易了。这就需要爸爸长期用心呵护和培养了。

融化孩子的冷漠

由于现在的孩子大多是独生子女，他们备受家人的宠爱，渐渐地养成了自我中心的习惯，对人非常冷漠。然而，这样的孩子到社会上是很难立足的，他们无法和别人进行良好的合作。因此，爸爸们必须试着融化孩子的冷漠，让孩子变得热心起来。

那么怎样才能改变孩子待人冷漠的心态呢？下面请看一位爸爸的成功经验：

我儿子叫宋雨，今年 12 岁，是家里的独苗、心肝宝贝，今年还被评选为三好学生、十佳少先队员，我们做父母的心里很高兴。家长会上，老师表扬宋雨说："宋雨学习成绩优异，开朗又活泼，不怕吃苦，更难得的是热心助人，总是主动帮助同学，从不藏私，在班里十分有号召力。"当时，好多家长都问我，怎么把孩子教育得这么出色懂事？还有一位爸爸跟我诉苦，说他的儿子虽然学习成绩很好，但却待人冷漠，不善于合作，这将来到社会上怎么吃得开呀！其实，他们不知道，我们宋雨以前也是这个样子，但是从他 9 岁起，我和他妈妈就决心帮他改变这种冷漠心态，怎么做呢？我们试了很多方法，带他去希望工程捐款，给他讲乐于助人的道理、故事……可效果都很差。后来，我偶然听了一个教育讲座，才学会了一招"赏善计"。小孩子嘛！总是喜欢被奖赏的，我们就按照专家说的，每当他做了一点好事，哪怕是对周围的人有一点热心的表示，我们就立刻抓住机会表扬他、奖励他。我们看得出他表面上虽然有点尴尬，但内心却很得意，渐渐地，他做的好事越来越多了：他扶奶奶去医院，给我送伞，帮助同学学习……要不人家说没有教不好的孩子呢！只要家长用对了方法，再任性的孩子也会变成好孩子！

热心作为一种美德，对一个人的成长发展具有不可忽视的积极影响，一个对人冷漠的人，其实是一个在道德上有缺陷的人，这样的人即使再有才华、再有能力，最终也很难有所作为。因此，爸爸们必须重视从小培养孩子"热心"的品性。

孩子往往缺少判断是非的能力，而爸爸的反应就成了孩子判断对错的标准。奖赏孩子热心的行为，孩子做的事得到了肯定和表扬，那么他还会继续这么做。因此，就算你的孩子只是帮了别人一点小忙，或者替别人着想时，作为爸爸，你也要告诉他你赞成他的这一举动，希望他这样做，并鼓励他多为别人做善事。让他知道你希望从他的举动中看到善意，表现得友好些。如果孩子对他人不友好，就要让他认识到这样不好，不是好孩子应该做出的举动，并表示你对此的遗憾，相信他下次会做得好一些，而不是简单地去责骂他。

当然，掌握了这种奇妙的教育方法后，爸爸们还必须为孩子创造能赞赏他善行的机会。

1. 让孩子设身处地为别人着想。

孩子待人冷漠，往往是因为对别人的立场缺少了解，因此，爸爸可以利用同理心，让孩子设身处地想他人之所想，急他人之所急，乐他人之所乐。例如，可以开展"假如我是……"的角色换位活动，使孩子理解、体验假想角色的内心感受，改变原来的冷漠态度。一位下岗职工的孩子正是通过"假如我是下岗的爸爸……"的角色换位活动，体验到爸爸的辛苦，认识到爸爸的不容易，从此改变了原来的做法，与爸爸的心贴得更近了。

2. 让孩子多参加一些慈善活动。

书画家为拯救灾民的义卖书画活动；社会各界为"希望工程"的捐助活动；为美化校园，每人献上一盆花的活动。爸爸应创造条件、提供机会，让孩子去感受这些活动。

3. 让孩子感受热心带来的快乐。

孩子们受到了别人的友善相待会感到非常快乐，这清楚地告诉他热心是一件多么令人愉快的事，不过，更为重要的是，通过这样一个机会，让孩子懂得只要与人为善自己也会获得快乐。因此，爸爸不妨给孩子创造一些表达热心的机会，例如善待小动物等，他能从中感觉到感激、忠心，并真正懂得热心的好处。

4. 让孩子在热心友爱的环境中成长。

爸爸应以友好和爱的方式来教育、帮助孩子，努力使热心、友好的气氛充满整个家庭。另外，友好相待所有认识的人：亲戚、朋友、同事、邻居，以及一切可给予帮助的陌生人。孩子们在这种环境熏陶下，善良、友好对他来说就显得非常熟悉、自然。

孩子战胜冷漠心态的关键是家长，只要爸爸能对孩子的热心行为明确地表示出喜欢，并通过一次次的奖赏让孩子再接再厉，那就一定能培养出一个具备善良品质、热心的好孩子。

别把孩子夸上天

教育学家认为，一些孩子自负，是由于受到了过多、过高的表扬，这使他们只看到了自己的优点，却看不到自己的缺点，因此一些信奉赏识教育的爸爸要注意了，不要无限度地、片面地表扬孩子，偶尔也要给孩子降降温，太多的表扬会让孩子得意忘形的。

下面，我们来看一看德国教育家卡尔·威特的教子方法：

一天，卡尔·威特带着他的儿子到一个朋友家参加聚会，而此时，他的儿子已经因为他的超常智力被广为传诵。一位擅长数学的客人抱着怀疑的态度想考考小威特。卡尔·威特答应了，但他要求那位客人不管小威特答得怎样，都不可以过分地表扬自己的儿子。因为老威特认为，自己的儿子受到的赞赏已经太多了，他很担心过分地赞扬会滋长孩子骄傲的情绪。

自以为聪明的这位客人一连给小威特出了三道数学题，但小威特的聪明越来越使他感到惊异。

每一个题小威特都能用两种以上不同的方法去完成。此时，客人已不由自主地开始赞扬小威特了，老威特赶紧转移话题，这样客人才想起了两人的约定。

但客人出的题越来越难，并最终走到他也难以驾驭的程度。客人非常兴奋，又拿出更难的题来"难为"小威特："你再考虑考虑这道题，这道题是一位著名数学家考虑了3天才好不容易做出来。我不敢保证你能做出来。"

那道题是一个农夫想把一块地分给 3 个儿子，分法是要把它分成 3 等份，而且每个部分要与整块地形相似，这确实是一道很难的题。

对小威特说完题后，客人就拉着老威特走到走廊里，安慰他说："别担心，你儿子再聪明，那道题也很难做出来，我是为了让你儿子知道世界上还有这样难的题才给他出的。"

可是，没过半小时，就听小威特喊道："做出来了。"

"不可能。"客人说着就走了过去。

但事实不得不让客人赞不绝口地说："真是天才，那么你已胜过大数学家了！"老威特连忙接过话说："您过奖了，由于这半年儿子在学校里听数学课，所以对数学很有心得。"

客人这才领会到老威特的意图，点着头说："是的，是的。"

不要认为卡尔·威特对孩子太严苛，事实上他是非常赞同赏识教育的。只不过他认为，表扬不可过多过高，不能让孩子情绪过热，过多的赞美会让孩子产生错觉，认为自己比任何人都要出色，将来他们就会无法经受挫折和批评。

卡尔·威特给父母们的忠告是：我们不能让孩子在受责备的环境中成长，但是也不能让他们整天泡在赞美里。卡尔·威特是这样说的，也是这样做的，即使小威特学得非常好，他也只是说到"做得不错"的程度，从不表扬过头。只有当小威特取得特别大的成就时，父亲才抱着亲吻他，但这是不常有的。因此，在小威特心目中，父亲的亲吻对他来说是非常可贵的赞扬。通过这种不同程度的表达方式，老威特让小威特深深懂得获得赞扬的不易，也因此更加努力学习，而不是沉浸在赞赏声中得意忘形。

还记得《伤仲永》吗？据专家们研究发现，不是经过早期教育而是靠天赋产生的神童，往往容易夭折。一些潜质很好的孩子之所以没能如愿地成为人才，正是源于孩子的骄傲自满、狂妄自大。世上再没有比骄傲自大更可怕的了，骄傲自大会毁掉英才和天才。

我们可以看看卡尔·威特写给儿子的一段话：

知识能博得人们的赞赏，善行能得到上帝的赞誉。世上没有学问的人是很多的，由于他们自己没知识，所以一见到有知识的人就格外赞赏。然而人们的赞赏是反复无常的，既容易得到也容易失去；而上帝的赞赏是由于你积累了善行才得到的，来之不易，因而是永恒的。所以不要把人们的赞扬放在心上。喜欢听人表扬的人必然得忍受别人的中伤。被人中伤而悲观的人固然愚蠢，稍受表扬就忘乎所以的人更是愚蠢的。

除此之外，他还不厌其烦地告诫自己的儿子：一个人无论怎样聪明，怎样通晓事理，都不应该骄傲自负，因为他所拥有的知识与奥秘无穷的大自然相比，只不过是九牛之一毛，沧海之一粟。

威特就是用这种制冷的手段来教育儿子防止他骄傲自满的，尽管这样做要花很大的工夫，但他最终还是获得了圆满的结果。

卡尔·威特做得最好的，也正是现实中一些爸爸做得最差的一点，这些爸爸总认为自己的孩子是最聪明的，尤其是知道了赏识教育的重要性后，更是无限度地赞美孩子，比如："孩子，你真是太聪明了！""孩子，你的作文写得真棒！比你爸爸现在写的还要好！"等对孩子滥加表扬。然而当赞美之词成为极为常见的日常用语时，赞美的意义也会随之逊色。过多的赞美如同甜得过分的糖果，吃多了，就会让孩子生腻。

所以奉劝爸爸们，对于孩子的赞美一定要就事论事，而赞美优点的同时也要适当泼点冷水——提醒孩子改正缺点，这样做一方面可以促进孩子进步，另一方面又可以防止孩子过分顺利而变得自负。

让孩子认识到自己的不足之处

孩子很容易骄傲自满，盲目地自高自大，这对孩子来说是非常危险的。自负会让孩子放弃努力，而且自负会让孩子孤立自己，在生活中处处碰壁，因此，爸爸一定不能让孩子变得目中无人，在孩子表现得过于自满时，向他泼盆冷水，让孩子看到自己的不足之处，就是纠正孩子自负性格的不错办法。

生活中，一些父母过于强调自信，不断给孩子灌输"你是最优秀的"思想，结果一些孩子变成了盲目自大的令人讨厌的人。

在深圳某重点中学里发生过这样一件事：音乐课上，实习老师刚走出教室，"啪"的一声脆响，一本书被狠狠摔在桌上，"有几个音弹错了，颤音也没唱出来，这样的水平还来教我们！"惊愕的目光都聚集在她——田宁的身上。她是学校的艺术骨干，从小深受执教于音乐学院的爸爸的影响，弹得一手好钢琴，在声乐、舞蹈方面也不错，曾多次代表学校参加文艺演出或比赛并获奖。

田宁不仅有文艺特长，而且写得一手好文章。但就是这样一个好学生，同学们都不太喜欢她，背地里都叫她"冷血公主"。为什么呢？原来除了几个亲密的伙伴外，她不大爱同其他同学讲话。当有同学问她问题时，她总是很轻蔑地说："这么简单的问题需要问吗？！"久而久之，没人愿意搭理她了。

另外，田宁的家境非常好，爸爸甚至带她去香港买衣服，因此打扮入时的她有更多优越感，经常挑剔讥讽其他同学。一旦某位同学打扮得漂亮一点，她就会很不屑地说："地摊儿货，瞧那穷酸样儿。"她也有自己的弱项——体育运动。但她不仅不力求改善，反而认为有体育特长的人都是"头脑简单，四肢发达"，并对他们嗤之以鼻。

生活中，像田宁这样的孩子并不少见，这些孩子通常看不起别人，总认为自己比别人强得多，把别人看得一无是处。在人际互动中，自负的孩子不懂得交往应以互相尊重、互相平等为原则，总是表现出一种优越感，盛气凌人，只强调自己的感受。

古人云，谦虚使人进步，骄傲使人落后。骄傲自大必然会对孩子的发展产生消极影响。骄傲自大的孩子常在自己的周围树起一道无形的"城墙"，形成与外界的隔膜，这使他们的心胸变得很狭窄。他们虽能取得一定的成绩，但往往没有远大理想和志向，而只满足于眼前取得的成绩。而且，他们看不到别人的成绩，只会"坐井观天"。骄傲自大的孩子很难和同学们友好相处，因为他们不能做到平等相待，而是总以高人一等的态度对待别人或喜欢指挥别人。骄傲自大的孩子情绪也不稳定，当人们不理睬他时，他会感到沮丧；当他遭到失败或挫折时，又会从骄傲走向悲观、自卑和自暴自弃，否定自己的一切，觉得自己什么都不如别人。因此，爸爸们千万不要忽视孩子的自负性格，为了孩子的健康成长，不妨用制冷的手段帮孩子走出这个误区。

雷迪克是小学二年级的学生，聪明好学，勤奋向上。在一次朗诵比赛中，他又获得了班上的最佳朗诵奖，心里像吃了蜜一样甜。回到家后，他把朗诵稿交给女佣，得意地对她说："玛丽，你念一段给我听听，怎么样？"

这个善良的女人拿起朗诵稿，仔细地看了一遍，然后结结巴巴地说："雷迪克，我不认识这些字。"

雷迪克更加得意了，他快速地冲进客厅，得意忘形地对父亲喊道："爸爸，玛丽不识字，可是我这么小，就得了朗诵奖状，这是多么了不起啊。再看看玛丽，拿着一本书却不会读，这太可怜了，我不知道她心里是什么滋味。"

父亲皱着眉头看了看雷迪克，没有说一句话，他走到书架旁，拿下一本书，递给他说："你看看这本书，就能体会到她心里的滋味了。"那本书是用拉丁文字写的，雷迪克一个字也不认识，他的脸涨得通红，手足无措地站在那儿，一句话也说不出来。爸爸仔细地看了看他，然后严肃地说："没错，玛丽不认识字，可是请记住，你不会念拉丁文！"

雷迪克永远都不会忘记那次的教训，无论什么时候，只要想在别人面前吹嘘的时候，他就马上提醒自己："记住，你不会念拉丁文！"

这位父亲是非常明智的，他没有纵容儿子的自负心理，而是适时地向儿子泼冷水，让儿子重新认识自己、评价自己。

然而生活中，有多少父母能正确处理孩子的自负性格呢？一些父母甚至本身就对孩子的优越感负有责任。比如，有些父母由于自身条件比较优越，总是表现出一副扬扬得意、目中无人的神态，经常会流露出对他人的不屑。如他们经常议论同事的缺点，某某不如自己。孩子听到这些话，也会仿效父母，只看到自己的长处，而嘲笑别人的短处。因此，父母必须从自身做起，教育孩子回归理性，正确评价自我。

要让孩子回归理性，爸爸就要让孩子对自己有个全面的认识，让孩子了解自己的缺点和不足之处，对克服自负性格大有好处。

对任性的孩子要因势利导

我们经常听到一些爸爸抱怨："唉，我家孩子就是任性得很，不好带。"其实，任性是每个人童年时代都会出现的情况。孩子的任性并不可怕，关键是父母采用什么样的教育方法。教育任性的孩子不能专门依靠所谓的"摆事实讲道理"，因为很多任性的孩子是不能理解父母的大道理的。所以有必要提醒爸爸们一句：因势利导，投其所好，才是对付这种孩子的最好方法。

有的爸爸会这样说："我的两个孩子就是不一样。一个顽皮得要死，不听话闹得要命；一个很听话，很好带，不大吵闹。"言外之意，就是有的孩子任性，有的孩子就不任性。这话有一定的道理，因为每一个孩子都有他自己的需求及个人特有的气质和性格。这些因素在每个孩子的身上各不相同，尽管他们是兄妹或哥俩。

孩子小的时候，还没有确立起是非的概念、好坏的标准。他并不知道他的要求是不合理和超越了常规的。譬如爸爸白天上班去了，孩子白天一天没有看见爸爸，于是爸爸下班一回来，孩子就吵着要爸爸抱。甚至到了该睡觉的时候，他也不去睡觉，当然也不让爸爸睡觉，死死地缠住已经工作了一天、十分疲惫的爸爸，还要爸爸抱着他在屋子里走来走去。爸爸累了，走不动了，把他放进小床，他就又哭又闹起来。爸爸气急了，训斥他。其实，他何尝是瞎吵？他只是因为一天没有见着爸爸了，他需要和爸爸的亲昵。至于爸爸上了一天的班，已经工作了8个小时，累了，他当然不懂，也不理解。孩子的这种任性难道不是一种自然的要求、合理的要求吗？

又如有的孩子，吃饭的时候专挑好的吃，而且他喜欢吃的就不许别人动筷子，否则就闹得没完没了，也是孩子任性的表现。但是当孩子有这种表现时，做爸爸的绝不应因为孩子哭闹就火冒三丈，大发雷霆。当然，也不能听之任之，迁就姑息，或者像有些老人做的那样：就让孩子一个人吃吧！反而应当开始警惕注意：孩子的这种不良表现，是不是由于过去一段时间自己放松了对他应有的教育？或者这才是一个开头？不管是前者，还是后者，孩子的这种表现都给做爸爸的敲响了警钟。是应该有意识地培养孩子良好的生活习惯了，是应该开始教育孩子怎样做人了！

当然，孩子很小，要培养孩子良好的生活习惯，教育孩子如何做人，不能光靠说理，那样孩子是接受不了的，也是不现实的。比较可行的方法应该是，发现孩子的良好表现，并通过表扬这些表现来巩固孩子的良好行为，进而培养孩子的良好习惯。具体地说，在孩子吃糖果时，遇到了其他的小朋友，爸爸应该叫孩子把糖果分给小朋友吃。如果孩子这样做了，爸爸就应该立即给予表扬："宝宝真乖。这样做伯伯阿姨就喜欢你!"因为孩子最快乐的就是能得到别人的喜欢。

家中吃水果，可以先要孩子送给爷爷奶奶，或爸爸妈妈，有哥哥妹妹的还可以叫孩子把水果送给哥哥妹妹，然后再自己吃。在孩子送水果给老人们的时候，爸爸就可赞扬说："啊，我们的宝宝真懂礼貌! 真乖! 真是乖孩子!"在表扬时，爸爸应该面带笑容，做出亲热的表示。父母的及时夸奖能促使孩子重复这些良好的行为，进而养成尊敬老人、尊敬父母和兄长、与小朋友和睦相处的良好习惯。

与此同时，爸爸应该注意尽量消除妨碍孩子形成良好习惯的一切消极因素。放纵、姑息、迁就是一切不良习惯的根源。

有的父母见孩子喜欢吃什么，就不允许家中别人再吃，这样无意间就鼓励了孩子的自我中心和利己主义，于是他就对好吃的东西进行垄断，不许别人沾边。水果别人不能吃，甚至爷爷奶奶吃了他也都要吵要闹。吃饭的时候，好菜只能他一个人吃，而且要放在他面前。孩子一旦有了这种不良习惯，爸爸就必须进行批评，指出这种行为的错误。反之，如果发现了这种开头，爸爸妈妈仍付之一笑，甚至故意逗弄孩子："不让爸爸吃，对吧! 那么孩子没有明确的是非观，当然只会变本加厉，最后不可收拾。"

这就是为什么说爱必须是严格的。严是爱的表现形式之一，没有真正严格的要求，也就不会有真正的爱。所谓"爱之愈深，责之愈切"就是这个道理。严格要求孩子，就是在他们懂道理的基础上向孩子不断提出合理的要求，并且在生活实践中坚持执行。

不过，话又说回来，严格要求孩子，做起来却并不那么容易。原因就是父母总喜欢或容易原谅孩子，对孩子的一些不太好的行为与言论给予宽容，而不能够真正及时纠正或及时提出。同时，做父母的也并不都懂得：爱就必须严。

其次，爸爸在培养孩子良好的习惯时，必须要有连贯性。当一个孩子由周围或家庭里几个人：爸爸、妈妈、奶奶或还有阿姨几个人同时负责培养时，由于每个人有各自不同的观点，没有统一的认识，在培养孩子上就会步调不一、宽严不一。它的具体表现就是许多家庭中常出现爸爸、母亲与奶奶、爷爷的矛盾。爸爸妈妈想严格要求，爷爷奶奶要庇护。这时就要求爸爸做好大家的工作，力求在教育观念上达成一致。

要想把孩子教育成一个真正对社会有益的人，培养孩子的良好性格，爸爸必须精心注意孩子的成长。这里既有生理上的成长，同时也有心理和精神上的成长。注意孩子的言行表现，从小培养孩子良好的道德品质，在萌芽阶段纠正孩子的不良品性。

四

好爸爸懂得：习惯务必全力去培养

培养孩子的良好习惯，纠正孩子的不良习惯，这个问题一定要趁早。你需要认识到，早期的习惯培养就像一粒希望的种子，不能到了收获的季节才匆匆忙忙想到播种，必须赶在生命的春天里就有意识地培土和撒种，并且坚持不断地施肥和灌溉，这样才能让希望的种子及早生根发芽，茁壮成长。

爸爸细心孩子才能心细

很多爸爸对孩子的粗心都很头疼。孩子粗心的因素很多，比如气质的因素、知觉习惯的因素、兴趣的因素等。爸爸们最伤脑筋的是：孩子的粗心会逐渐变成一种行为方式，孩子会最终成为一个真正的"马大哈"。

那么，孩子为什么会粗心呢？

孩子粗心的因素是多方面的。具体来说，比如气质因素：属于这种因素的孩子对感觉刺激的敏感性较差，注意力又比较容易受到外界的干扰。又如知觉习惯的因素：有这种因素的孩子对知觉对象的反映不完整、分辨不精细。又比如兴趣的因素：这种孩子对感兴趣的事情比较认真仔细，对不感兴趣的事情却马马虎虎。最令父母伤脑筋的是，粗心会逐渐变成一种行为方式，最后演变成办什么事情都冒冒失失、粗枝大叶，孩子最终成为一个真正的"马大哈"。

粗心的孩子的突出特点是动作快，脑子慢。这种孩子做事之前一般不会耐心细致的观察和思考问题，因而事情做完之后常常会漏洞百出。这种情况一般会随着孩子认知能力的提高而有所改善，但是对那些已经形成粗心习惯的孩子，如果不对他们进行耐心细致地指导，改变他们的不良习惯，帮助他们形成新的知觉、思维和行为的模式，那么他们就只好当一辈子"马大哈"了。

粗心儿童并不鲜见，但美国泰弗兹大学儿童心理学治疗专家金斯伯格教授通过长期研究证实，有的孩子粗心可能是患有一种注意力难以集中的病症——注意力缺损症，其典型症状即是时不时无法控制自己的行为。

以前，医生们倾向于把儿童特别多动和精神难以集中而总在自己的世界里胡思乱想视作两种不同的病症：前者为"小儿多动症"，后者则为"注意力分散症"。但时下金斯伯格教授领导的研究小组已拥有越来越多的证据显示，两者是由大脑出现的完全相同的问题引起的，只是因为患者性格不同，以致表现出的形式也不同罢了。具体来说，如患儿性格外向，即表现出属冲动型的多动症；相反，如性格内向，则往往表现出属分散型的精神不能集中。

美国加州大学欧文儿童医疗中心的史沃森指出，约占3％的学龄前儿童患有这种注意力缺损症。但遗憾的是，在世界许多地区，或由于传统文化的原因，或由于诊断和医疗条件的限制，注意力缺损症至今仍未被当作一种疾病，当然也更谈不上给予有效治疗了。如在相当多的东方国家，粗心普遍被父母看作一种"性格缺点"，粗心儿童因此要么被放任自流，要么遭到辱骂或棍棒处罚，其大脑中负责支持和控制自己行为的部分明显缺乏活力。他还警告说，这些儿童如得不到科学治疗，其中近一半的儿童无法坚持在校学习，长大后违法乱纪者的比例也提高。

心理学家提出以下方法去解决孩子粗心的毛病，爸爸们可以参考一下。

1. 要注意培养孩子良好的知觉能力和辨别能力。

孩子之所以粗心，就是因为缺乏良好的知觉能力和辨别能力。爸爸要提高孩子这方面的能力，就必须采取有效的办法。比如向孩子提供"找相同点"和"找不同点"的图画，让孩子去发现图画中各种细节上的变化，培养他们仔细地观察事物和仔细地比较事物的能力，并且要求他们把比较的结果用语言大声地讲出来，以便巩固知觉的发现。这种活动随时随地都可以进行，哪怕是看到树叶上的一只小虫，也可以让孩子去仔细看看，看清楚虫子身上有几个花斑、几条腿等。

2. 要训练孩子从不同角度去观察和思考问题的能力。

小孩子的思维缺乏可逆性，很难从不同的角度思考同一问题，因此需要爸爸进行很具体的指导。比如将两根一样长的棒子前后错开放在孩子面前，问他哪一根长。试验表明，有的孩子说上面一根长，有的孩子则认为下面一根长。这时，爸爸可以诱导孩子换一个角度再看这两根棒子。说上面一根长的孩子是因为他只注意到棒子左端，当让他同时再看看木棒右端，他的说法可能就会改变了；说下面一根木棒长的情况则相反，孩子只注意到木棒右端的长短，而忽视了木棒的左端。通过这个例子，要让孩子学会观察事物的不同角度。

3. 要及时纠正孩子粗心的错误。

爸爸发现孩子因粗心而犯错误，应该及时要求他重新更正，用新的动作链条去纠正原有的习惯动作，塑造新的动作。这对于克服粗心也是完全必要的。必要时，爸爸可在旁边给予具体指导，"扶一把"，就能防止孩子重复出错。

纠正孩子的粗心是一件细致的、艰难的、经常反复的工作，需要爸爸高度的责任心和耐心，不可急躁，更不可以责骂，因为被骂得情绪紧张、兴致全无的孩子只会变得更加粗心。

用"记过法"改掉孩子的陋习

恰到好处地"记录"孩子的过失，就会成为孩子成长的宝贵财富！让孩子自己感受、自己改正，事实证明这是行之有效的好方法。

有这样一个例子：

有个男孩，今年 9 岁，上三年级，他的最大的缺点就是"马虎"。

他做作业倒是挺快，可是漏洞不断，常常把"＋"写成"－"，把"7"写成"1"。如果父母不给他认真检查，他自己就无法改正。这个男孩最需要的就是培养"自己检查"的好习惯。检查的方法很容易学会，可是怎样让他自觉去执行呢？

爸爸批评孩子：

"你看，不检查总会出差错。"

"你能不能用5分钟再检查一遍？"

"你再不仔细点，今天就不准看电视了！"

……

尽管爸爸常常"苦口婆心"，但是孩子就是"屡教不改"，看来这些语言太抽象了，对孩子的"威力"不够。于是爸爸找到心理医师。

心理医师知道这个孩子平时喜欢画画，于是开始了这样一场对话。

医生："你知道平时人家叫马马虎虎的人什么吗？"

孩子："马大哈呗！"

医生："那你想不想改掉马马虎虎的毛病呢？"

孩子："想啊，可就老是改不了。"

医生："这样吧，你不是喜欢画画吗？可不可以画三幅图，分别是马大哈、马小哈、马不哈，意思是'不认真'、'稍认真'、'很认真'。如果你觉得画不了这么多，用其他的图片也可以。"

孩子："（笑着）这倒挺有意思。好啊，接下来干什么呢？"

医生："在你做作业的地方，墙上、书桌上都可以，布置一个地方，就暂时叫'记录板'吧，专门用来贴这些'马大哈'、'马小哈'和'马不哈'。你做作业的时候很容易看到这些画，让这些画提醒你。做完作业之后，先自己检查，再请爸爸妈妈检查，然后看是'马大哈'、'马小哈'，还是'马不哈'，再把相应的图画贴到'记录板'上。一个星期后数数有几个。我相信只要坚持两三周，你的'马大哈'的帽子就会小很多了！"

孩子："（大笑）好玩好玩！"

医生："回去会不会照着做呢？"

孩子："可以！"

孩子回去之后，在爸爸的指导下，当天就画出了图画，建好了专栏。经过两三个星期，孩子"马大哈"的毛病的确改了不少。

再看另一个例子：

有个女孩今年 8 岁，小学二年级学生。爸爸反映，她身上有很多坏毛病，比如，咬指甲、粗心、动作慢、爱发脾气，等等。爸爸不知说了多少遍"手指甲脏吃到嘴里要生病"、"粗心大意会吃亏"、"动作快一点就可以省下时间玩了"、"乱发脾气的人没人会喜欢"等。可是这个女孩"江山易改，本性难移"，就是改不了。爸爸妈妈对此一筹莫展。他们不得不去找心理医师。

下面是医生与女孩的对话：

医生："你爱听人说好话，还是爱听人说坏话？"

女孩："当然爱听好话了。"

医生："如果你的手里拿着垃圾，你准备怎么办呢？"

女孩："扔掉呗。"

医生："这个办法不错。你爸爸说你'咬手指甲'、'粗心'、'动作慢'、'爱发脾气'，这些东西就是你身上的'垃圾'，你愿不愿意把这些

'垃圾'也扔掉呢？"

女孩："愿意。"

医生："我们一起想想办法，把这些'垃圾'扔掉，好不好？"

女孩："好的。"

医生："这样很好。你回家以后，和爸爸妈妈一起把那些'垃圾'，分别写在一条条的纸上，贴在你能看到的地方，每改掉一个，就把那条'垃圾'揉成团扔到你专用的垃圾桶里，然后请爸爸妈妈写一句好话贴在空出来的地方。如果哪天老毛病又犯了，就得又从垃圾桶里捡回已经扔掉的'垃圾'重新贴上，而且还要大声读三遍。你愿意这样去做吗？"

女孩："愿意。不过爸爸妈妈的身上也有垃圾，他们的垃圾扔不扔呢？"

医生："既然你爸爸妈妈的身上也有'垃圾'，自然应该写出来。你回去之后，把你的'垃圾'写出来贴好之后，就帮爸爸妈妈把他们的'垃圾'写出来贴到他们看得见的地方，你问问他们愿意不愿意。"

爸爸："当然可以。爸爸妈妈不好的地方也一起改！如果你做得好，我们会奖励！"

医生："这下你可以放心了。爸爸妈妈也会与你一起扔'垃圾'。我建议你们来个比赛，看谁扔得又快又好。"

……

在成长过程中，孩子难免会犯各种各样的小毛病，只要父母善于引导，都是可以改善的。有效地让孩子改正自己的小错误，他们就会看到自己的进步，感受到成功的喜悦，更加努力地向好的方面发展。

用"代币法"逐步纠正孩子的坏习惯

孩子之所以"屡教不改",就是他们没有发现改正错误的希望。有一种"代币"的方法可以起到这种作用,爸爸们不妨一试。

"代币法"是心理治疗中常用的一种行为疗法,对小年龄或智力发展迟缓的孩子效果很显著。"代币"即真正奖励物的暂时代替,就像"小红花"、"红五星"等一样。"代币"可以是实际的物件,也可以是打点、画钩一类的记号,无论什么东西都可以,但在具体使用时要合乎以下原则:安全、耐用、便宜;数量容易控制,使用起来方便;不是孩子急切想要的东西。这种方法的最大优点就在于当孩子表现出良好行为时,不是立刻就满足他的要求,而是经过一段时间才满足孩子的要求。因此,孩子要达到某种目的,就需要他将某种好行为保持一段时间后才能达到目的。这对于孩子形成良好的习惯是很有好处的。由于这种方法可以很好地提高合理行为有意识反复出现的频率,同时因为有"代币"刺激,也可以使孩子的合理行为得到进一步的鼓励,起到"望梅止渴"的作用。

请看下面这个真实的事例:

一个女孩,小学三年级学生,毛病是上课不能集中注意力、爱说闲话、做作业速度慢、脾气大、吃手指甲,甚至上学常常拖拖拉拉,等等。无奈之下,爸爸只好带着孩子去看心理医师。

心理医师与女孩"谈心"。女孩也知道自己有很多"毛病",可就是无法及时地控制自己。心理医师在确定了女孩本人愿意改正的决心以后,根据孩子的年龄和性格特点,决定采用"代币法"来帮助她。

心理医师先同女孩爸爸和女孩一起将所有要改正的不良行为列成表格，然后请女孩把自己想做的事、想要的东西、想实现的愿望都统统写出来，最后帮助女孩爸爸和女孩一起制定了如下的"代币"规则。爸爸以自制"纸板"为"代币"，具体操作情况如下：

1. 每天按时到校，得1分。

2. 上课的时候不说话，得3分。

3. 上课回答问题，每天回答5次以上，得4分；每天回答3～5次，得3分；每天回答1～3次得2分。

4. 独立完成作业，一个小时内完成，加1分；全对得4分；85%以上正确，得3分；60%以上正确，得2分。

5. 自己整理书包，不要忘记带东西，不少带东西，得2分。

附加规则：

1. 每月可先给孩子10个"预支板"。如果父母认为孩子本月表现不错，可以加入孩子的"代币"总量中，否则就要扣除。

2. 获得老师指名表扬，每次5分。

3. 一个星期内未受老师批评，得3分。

4. 被老师罚抄、罚做作业或合理的批评，每次扣1分。如果孩子表现不错，爸爸妈妈每人说5句让孩子开心的话。

孩子所得分数奖励如下：

10分，一句好话和一块巧克力；

20分，父母说表扬的话和一个小黄鸭玩具；

25分，父母说表扬的话和樱桃小丸子铅笔盒；

35分，父母说表扬的话和外出游玩一次。如果孩子不愿要以上奖品，可以把这些钱积累起来买孩子需要的东西。

这个女孩感到"代币"法既新奇又有刺激性，很乐意这样做。为了让孩子更有信心，医生让女孩把"代币"带在身边，放在口袋里或铅笔盒中。建议父母和孩子一起制作一张挂图挂在家中，比较详细地记录女孩获得"代币"的数量。

这样做有两个目的：第一，用具体可见的"代币"提醒孩子，增强她自我监督的意识。第二，具体可见的"代币"只是一种暂时的奖励替代，可以起到心理激励作用。

不同的行为对应不同的代币数目，不同的代币数目又对应不同的奖励，这样就避免了以一次行为定论的局限，可以避免主观性，又为孩子提供了足够的选择行为的方式和获取奖励的机会，孩子在行为改变的同时，就会不断形成自我管理的好习惯。

经过一段时间的施行，女孩有了很大的进步，不但上课经常受到老师的表扬，作业速度也大大提高了，父母子女的关系也得到了很大的改善。

"代币法"的具体内容可以根据孩子的不同时期灵活调整，必须记住的是，爸爸应该与孩子一起来完成，但是毕竟最后的行为实施者是孩子本人，所以爸爸们要该注意以下几点：

1. 这种方法有"鼓励"成分，孩子应该比较容易完成，通过完成几个比较简单的行为，如按时上学或"预支代币"等形式去激发孩子的主动性。千万不要把目标定得太高，力所不能及，这样孩子就得不到刺激和鼓励，就没有信心了，就会很快丧失尝试的兴趣。

2. 属于生活必须支付的物品，父母应该照常提供，不要把这些东西也变为奖励品。

3. 奖励品要比较合理，不要"克扣"，也不要"盲目奖励"。整个家庭都要步调一致，不能够随意改变。如果有一个人随意改变代币规则，就有可能使"代币"法无法顺利进行。

使用"隔离法"及时终止不良行为

从很多书上或电视上都可以看到，美国的爸爸们对犯了错的孩子的惩罚是"回自己屋子去"。据说，这种"隔离法"还挺管用，调皮的孩子出来后至少会"老实"一些，最后慢慢形成好的习惯。

"隔离法"的主要对象是出现不良行为的孩子。这种方法其实很简单，就是暂时终止孩子的活动。这种方法的主要优点是：能够在较短时间内有效地终止孩子的某些不良行为，而且简单易学，可以随时方便地运用。有一点非常重要：这种方法能够让爸爸妈妈很好地控制自己的情绪，成为孩子理性行动的榜样。这种方法既不会对孩子的身体造成任何伤害，也不会伤害孩子的感情。

让我们先来看下面的例子：

一个小孩，只有3岁，一天，他用积木砸他的小客人。

爸爸看到后说："孩子，你不能这样做！你要再这样，我马上对你实行隔离。"

孩子嬉笑着继续扔积木。爸爸走过去，语气坚定地说："因为你用积木砸了小朋友，所以现在我要开始对你实行隔离！"

爸爸不再多说什么，抱起他走向屋中间的一张高靠背椅，把他放在上面，并把他手中拿着的积木取下，然后取一个定时器，定好三分钟时间，放在孩子看得见但是手够不着的地方。

孩子自然是满脸不高兴，从椅子上跳下来。爸爸坚定但不粗暴地把他重新抱上椅子，站在他身后监视着他，并把孩子的手交叉摆在其胸前，说："只有你不再跳下椅子，我才会松开你的手。"

孩子挣扎了几下，发现无法挣脱，就安静下来，开始掉眼泪。爸爸装作什么都没看见，转身回到自己的房间里做自己的事。

等到定时器一响，爸爸走过去问："你知道为什么爸爸要对你隔离吗？"

孩子不吭声，爸爸说："你这样做是不对的，会把别人打痛的。如果你以后还这样做，爸爸还会对你隔离。不过爸爸希望你下次不会这样了。"

孩子点点头，跳下椅子走了。这位爸爸所使用的方法就是"临时隔离"。

这种方法的要点如下：

1.必须有前提。

孩子用积木砸小朋友的行为，是爸爸对孩子使用"临时隔离法"的前提条件。如果没有这个前提条件，爸爸就不可能对孩子采用这种方法。

按照一般情况，这个行为在孩子的身上是经常出现的。爸爸们在采用这种方法前，应该对孩子的这种攻击性行为进行统计。如果这种行为出现的频率较高，就必须采取必要的措施了。

资料表明，这个孩子经常发生这种行为，所以爸爸把其确定为目标行为。据介绍，爸爸在日历上记录孩子的攻击行为时，孩子好奇地问爸爸在干什么，爸爸告诉了他，记录你的这种不良行为。孩子知道爸爸在注意他的行为时，就开始有意识地克制自己这种行为，他的攻击性行为开始减少了。

2. 控制好自己的情绪。

在实施隔离法时，爸爸要始终很好地控制住自己的情绪，不能因为孩子反抗而大打出手。

爸爸实施这种方法时，不要发火，也不要吼叫，只需简短地说明隔离的理由就可以了。有人建议用不超过十个字的话来说明隔离理由，冷静地终止孩子的攻击性行为。而且这位孩子的爸爸是在孩子的行为发生后10秒钟内实行隔离的，这符合隔离法的及时性原则。

3. 选择合适的隔离地点。

实施临时隔离，必须选择合适的地点作为隔离区。

爸爸要根据孩子年龄的大小，充分考虑安全因素，把隔离地点选在自己完全能够控制的范围之内。如这位爸爸把地点选择在靠背椅上，就是因为孩子的年龄比较小。

对年龄大一些的孩子，可以选择卫生间、储藏室、走廊等作为隔离地点。选择地点时总的原则是让孩子感到无聊、单调、枯燥，但又应该是安全的地点，不能让孩子感到恐惧。并且要保证隔离期终止之前孩子不能接触一切游戏和活动。如果家里正在开着电视或录音机，也必须关掉，不能让孩子在被隔离的时候偷着看电视或听音乐。

4. 恰当的时间。

隔离时间的长短一般是"1岁1分钟"。

这位孩子只有 3 岁，所以时间设定为 3 分钟。要让孩子知道，是定时器而不是爸爸决定什么时候停止隔离。所以有铃声而可移动的定时器是隔离法必备的工具。爸爸把定时器放在孩子够不着的地方，是为了防止孩子把定时器作为玩具。

5. 父母要若即若离。

在隔离期间，爸爸应该做自己的事而不是一直在旁边看着孩子。

如果爸爸一直盯着孩子，孩子就觉得自己虽然受到了惩罚，但是同时也引起了父母的注意。虽然这种注意是负面的注意，但是孩子也会非常在意。事实证明，有的孩子会为了得到这种注意而有意干坏事。父母的过分关注常常会降低惩罚效果。

6. 说明原因。

隔离结束时，爸爸要简短地向孩子说明被隔离的原因。

隔离结束，父母向孩子说明原因可以加深孩子对隔离原因的印象。因为有些孩子年龄太小，常常会忘记被隔离的原因。

孩子受到隔离，一般不会有太好的情绪，所以，父母不要太在意孩子的情绪。

"临时隔离法"适用于 2 ～ 12 岁的孩子。这种方法看起来简单，但是常常很有效。因为，在孩子看来，离开伙伴、停止活动是最不能容忍的惩罚。被隔离过的孩子都不愿意再次被隔离。在他们看来，那种滋味是不好受的。

凡是孩子自己能做的就让他自己做

现在的很多孩子是"衣来伸手，饭来张口"，什么事情都是父母包办代替。这是一种很不好的现象，父母应该努力改正。做爸爸的必须清楚，总有一天，孩子是要成为一个自立于社会、自立于人生的个体的。爸爸们要认识到，如果能从小就培养孩子自己的事情自己做、自己的东西自己管、自己的生活自己安排的自我管理习惯，就能够很好地增强孩子行动的独立性、目的性和计划性，这对于孩子今后的幸福和成功无疑是具有很大的好处的。

所以爸爸们很有必要向孩子灌输这样的理念：自己的事自己做。这不应该仅仅是一句口号，而应该成为一种治家的理念。一般而言，孩子3岁就可以作为平等的一个家庭成员参加"家庭会议"，参与决策、分担家务。毫无疑问这是培养他们自理能力的绝佳手段之一。

让孩子早点当家，有利于孩子锻炼自己的生活能力。爸爸们可以参考以下方法：

1.给孩子一个劳动岗位。

许多父母抱怨孩子懒，这是无可争议的事实。我们常看到，无数父母反复叮咛孩子："只要你把学习搞好了，别的什么都不用你管。"这是一句非常典型的话，其含义是分数决定命运，一切为了考试，劳动更是不必提及的事。

客观一些讲，父母们讲这样的话也是无奈。但是，不论有多少理由，我们应首先弄明白孩子是否需要劳动，劳动对于儿童成长有何意义。

从孩子的成长需要讲，孩子其实是喜欢参加一点劳动的，更喜欢负一些责任，以确立他们在家庭中的位置，并增长自己处理问题的能力。这是他们成长过程中的自然需求，我们应该满足他们。否则，他们长大之后会发觉，这一生有无法弥补的缺憾。

从教育的角度看，孩子的劳动与健康人格密切相关。我们调查发现：第一，孩子劳动时间越长，其独立性越强；第二，孩子从事劳动时间越长，越有利于形成勤劳勤俭的品德。

因此，爸爸们应该从小培养孩子热爱劳动的良好习惯，并以此作为培养优良人格的一个切入点。譬如，在家务劳动中，为孩子选择一个适合他的劳动岗位，郑重其事地交给他，使他具有光荣感 和责任感。爸爸还应经常鼓励孩子，并给其具体帮助，使他感受到劳动的高尚。

2. 让孩子自己支配时间。

一个具有健康人格的人是自由的人，而自由主要体现在这个人能够自由、有选择地支配自己的行为。这种自由感不是凭空产生的，其中很大一部分来自童年时期对自由支配时间的体验。但遗憾的是，我们的调查发现，孩子平均每日可支配的自由时间只有 68 分钟，这说明，我们没有给予孩子足够的可自由利用的时间，相反，我们用功课以及其他有关学习的活动将孩子"安排"了，我们把他们"安排"得满满的，使他们疲于奔命，而失去了选择的机会和能力。

更可悲的是，他们几乎成了机器人，在"安排"下失去了自我，以至变得越来越懒散、麻木和消极。

有位独生女来信说："我知道爸爸妈妈很爱我，但这样的爱我无法接受，因为我一点自由也没有。"

自由支配时间，意味着孩子具有热情地实现自我、用创造性的方法表达自我的机会。剥夺儿童自由支配的时间，实际上是在剥夺儿童成长和发展的机会。对城市孩子的调查表明，有更多自由支配时间的孩子自信心更强，并且比自由时间较少的孩子有更强的成就需要。因此，爸爸们应及时转变观念，给孩子足够的自由支配时间，帮助孩子有效利用时间，发现生活的乐趣，展示自己的才华，使其能够更健康、更自然地成长！

另一方面，作为爸爸，你是否觉得孩子太依赖人呢？

早晨起来被子不叠，吃完了饭碗筷不洗，甚至忘了带某种学习用具也怪大人没有提醒等，诸如此类的现象司空见惯。所以，我们在调查中发现，孩子认为自己"有责任心"的仅占 45.9%，认为自己"做事有独立性不依赖他人"的仅占 40.3%。也就是说，半数以上的孩子依赖性较强。

孩子的依赖性是从哪里来的呢？一般来说，都与父母的溺爱有关，爸爸包办代替越多，孩子的依赖性越强。相反，爸爸妈妈如果鼓励孩子自己的事情自己做，孩子的依赖性将会大为减少。关于这一点，很多家长都有切身的体会。

有个上小学四年级的独生女习惯于睡懒觉。每天早晨，她妈妈几次催她起床，她总哼哼唧唧说："再待会儿。"如果真迟到了，她会抱怨父母不把她拽起来，害得她受老师批评。

爸爸想了想，对妈妈说："咱得换个办法了。"于是他们告诉女儿："上学是你自己的事情。从明天早晨开始，该几点起床你上好闹钟。如果闹钟响了你还赖被窝，你就赖吧，肯定没人叫你，一切责任自己负！"

爸爸心中有数："孩子虽然跟父母撒娇，可是在老师、同学那里还是很在意自己形象的，岂敢总迟到？"果然，第二天早晨，闹钟一响，女儿噌地跳下床来。从那时起至今，五六年过去了，女儿早起床上学再不用催了。有时候，父母还在睡觉，女儿早已经骑车上学去了。

从这个独生女的变化可以看出，孩子的潜力很大，可以做很多事情，只是父母的溺爱剥夺了他们自立的能力。譬如，孩子的学习也是自己的事，靠自己认真听讲、认真思考、认真复习和预习，独立完成学习任务，才能真正掌握学习本领。大人陪读陪写甚至帮写帮计算，都是在帮倒忙，是在辛辛苦苦培养懒孩子。当然，如果孩子个人很勤奋仍搞不明白，帮他分析一下甚至请家庭教师都可以，但必须以孩子独立学习为前提，切忌包办代替。就像著名教育家陈鹤琴所说的那样："凡儿童自己能够做的，应该让他自己做；凡儿童自己能够想的，应该让他自己想。"这是符合教育规律的至理名言。

父母希望培养出一个天才的孩子，就必须树立管理孩子的新观念，把握孩子发展的大方向。在孩子成长的过程中，出现一定的偏差是难免的，只要掌握好了大方向，就会到达目的地，因为孩子具有很大的可塑性。

一个人的成功，智力是重要因素，但不是关键因素，关键的因素是非智力因素，也就是时下人们常说的"情商"。古今中外很多做大事成大功的人，其"情商"都发挥了不可估量的作用。父母有意识地培养孩子的顽强精神和坚强意志，培养孩子关心他人和集体以及助人为乐的良好品质，具有十分重要的意义。

让孩子为自己的错误负责

很少有爸爸会意识到这一点：让孩子为自己所犯下的错误承担责任也是一种处罚。大部分爸爸常常是这样做的：孩子犯下错误后，赶快帮他弥补过失，事后再处罚孩子。其实这样教育孩子，效果并不会太好。在西方，每个孩子都很清楚地被要求对自己的行为承担责任，如果违反规则就要接受合理的教训。比如当儿子磨磨蹭蹭地误了校车时，就让他自己走路去上学；如果女儿乱花了午餐的钱，就让她饿一顿。

亚历刚上大学时，爸爸和他约定：每月 3 日给亚历寄 400 美元的生活费。

结果第一次独立生活的亚历用钱既无计划也不节制。三天两头与同学到校园餐馆挥霍，看到喜欢的东西就买。结果第一个月还没过完，亚历的口袋里就只剩下几个钢镚叮当响了。第一个月，爸爸容忍了儿子的无节制做法，提前把第二个月的生活费寄了过来。然而亚历却不知悔改。第二个月、第三个月仍旧早早就把钱挥霍完了。

终于，在离第四个月的收款日还有 14 天的时候，亚历的口袋里又只剩下 27 美元了。万般无奈之下，亚历只好拍了一封电报回家，内容简短明了："爸爸，我饿坏了。"爸爸很快回了电报，也非常简短："孩子，饿着吧！"

这实在是太奇妙了。在那之后只有 27 美元的 14 天里，亚历绞尽脑汁节衣缩食，出手之前必会细细打算，竟然也把艰难的日子熬过去了。

从此以后，大手大脚的亚历开始精打细算，并且发现，其实只要稍稍节制一下不必要的支出，每月只要 300 美元生活费就足够了。这样一来，每个月亚历甚至可以积攒下一些钱。亚历用这些钱买了许多自己喜欢的书、磁带、唱片，做了一些自助旅游、捐款等有意义的事情，当然也没有忘记偶尔和朋友们到餐馆聚聚。

亚历的大学生活比以前过得更充实而丰富了。

在这个故事里，爸爸给亚历的处罚是，让他自己承受错误造成的后果，这种处罚手段可以说是纠正孩子错误的良方，比责骂更能给孩子留下深刻印象，因为这种因果教训更能使孩子直观地看到自己的错误。

我们再来看看下面这个故事：在西班牙的一个城市，爱尔胡利的儿子在自家花园里玩足球，兴奋之下，把足球踢到邻居花园中，打烂了一盆百合花。小爱尔胡利怯怯地告诉爸爸，叫爸爸去拾球，可爸爸却要小爱尔胡利自己去，首先要道歉，还要拿上一盆同样的花作为赔偿。

小爱尔胡利不得已捧着花不情愿地一步一步走向邻居家。邻居是一位 70 岁的老汉弗朗西斯，弗朗西斯看着小爱尔胡利泪水盈盈的样子，非但没有责备孩子，没有留下花，还从屋里拿了一包巧克力送给小爱尔胡利。

爱尔胡利见儿子回到家里，小脸蛋泪水未干，可掩饰不住喜悦，又见儿子手里多了巧克力，知悉内情的爱尔胡利径直去找老弗朗西斯，对他说："弗朗西斯，我儿子犯了错，我想教育他，请你配合，犯错的孩子不应得到奖励。"然后他又要儿子拿着巧克力和鲜花送给弗朗西斯爷爷。一天之后，爱尔胡利才借着一次机会奖励巧克力给儿子。

爱尔胡利的做法似乎有点过火，但他是对的，对孩子明显的错误，明知故犯的错误，性质严重的错误，一定要严肃批评，并让其承担责任，直到他改正为止。

　　做爸爸的，培养孩子的目的就是他们在生活中学会做人——引导、教育、帮助他们形成自我约束感———一种发自内心地对自我的制约，而不是来自外界的强制。任何不能使得孩子在生活中学习做人，不能维护孩子尊严的技巧都不能被称为约束，仅仅称得上是惩罚，不管它被包装得多好。让孩子从自己的过失中获得教训，是一种非常高明的处罚手段，不要担心孩子无法自己承担责任，只有让孩子懂得违反规则就要接受合理教训，孩子才能学会自控。

好好做爸爸，陪伴孩子健康成长

一

宽严有度，既要是"慈父"又要是"严师"

爱孩子，过宽就是"纵"，过严等于"虐"，这里有一个"度"的问题需要你去把握。你要做到有张有弛，赏罚分明，孩子做得好的时候要及时给予奖励，但孩子做错事时一定不要姑息，这样孩子才能正视自己的错误，及时改正，免得在错误里越陷越深。换言之，在孩子的成长过程中，你既要扮演慈父的角色，又要是一位严师。

不讲原则地迁就孩子就是害孩子

现在的孩子是"小皇帝"、"小公主"，享受到了前所未有的爱护和物质享受。然而孩子们的要求却越来越多，花样层出不穷，让父母们着实有点难以招架。父母们爱孩子的心情是可以理解的，可一味顺从孩子只会助长孩子的任性和贪欲，对孩子的健康成长没有一点好处。

请看下面这个例子：

爸爸："豆豆，吃饭了。"

孩子："今天吃什么？"

爸爸："米饭、红烧鱼。"

孩子："不，我要到街上吃肯德基。"

爸爸："可是饭菜妈妈已经做好了，我也累了，明天再去吃，不行吗？"

孩子："不，我今天就要吃。"

孩子又哭又闹，最后爸爸妈妈屈服了，带他到街上吃肯德基。

在这个故事中，孩子对爸爸提出了极不合理的要求，爸爸怕孩子生气竟然顺从了孩子的要求，他这样做既损害了自己的权利，又降低了孩子的心理承受能力，可以说这位爸爸的做法是非常失败的。

孩子是没有自立能力的，他的需求很自然要靠父母来满足。可今天的孩子生活在现代社会，他们不仅从父母身上，也从电视上，从大街上看到这多姿多彩的繁华世界，他们的视野宽广，他们的欲望也变得强烈。而父母们常不忍心拒绝他们的要求，千方百计予以满足。可是人的欲望永无止境，小孩亦是如此，甚至更为强烈。不要说以有限的精力、财力、时间去满足孩子无休无止、花样翻新的欲望几乎是不可能的；就连对孩子的需求全部都予以满足的想法本身就是一种大错误。过于迁就孩子，等于间接促使孩子养成随心所欲、唯我独尊的不良思想，势必导致他们在日后迈入社会，进入实际学习、工作、交往中碰得头破血流，甚而误入歧途。

因此，在生活中，爸爸们千万不要迁就孩子的不合理要求。对孩子非分的需求理当不要迁就之外，对孩子正当的要求，有时基于家庭的经济条件，或者出于教育孩子的目的，也未必一定全部满足。但是，不迁就孩子必须讲究方法。在孩子情绪激动时，要试图安抚他，事后再把自己的理由坦率认真地告诉孩子，要相信孩子的认知能力，使孩子最大限度地理解自己的做法，让孩子感到父母不是不愿意满足自己的需求，而是自己的要求过分，或者家里的确有困难。促使孩子做到这一步，自幼明白道理与克己节制，心理承受一定的挫折，这对他们今后的生活道路亦是大有裨益的。

这是一位年轻爸爸的教子心得：我的儿子叫图图，今年9岁，既聪明又漂亮，从小就受到了家人的宠爱。然而这两年，我们越来越觉得这孩子太任性了：走在街上看到什么就要什么，不给买就连哭带闹，因此我们只好一次次迁就他。半年前，我去听了一个教育专家的演讲，他的一句话对我触动很大："不讲原则地迁就孩子就是害孩子。"因此，我决心要改变孩子乱要东西的坏习惯。在一个星期六下午，在儿子的要求下，我答应带他去逛街。出门前，我跟儿子约定：只看不买，否则就不去。儿子满口答应："行！"不过在我以往的经验里，带儿子逛商店，儿子的眼睛一旦瞄到玩具柜台上，不管合适不合适，只要他看中就一定要买。

到了商城，像以往一样，儿子照例要光顾一下四楼的玩具区。由于有约在先，我便放大胆子带他去了。儿子兴奋地东张西望，没一会儿，一种可以远程遥控的玩具汽车便引起了儿子的注意，他便缠着我要买，我说不买。这下可不得了了，他顿时坐在地上大哭起来，边哭边说，他最喜欢小汽车，一直想要小汽车，如果不买就回去告诉爷爷奶奶、外公外婆，只要买了他就听话，以后什么也不要……以前在这种情况下，我就给他买了，但今天我却站着不动，告诉他不能买的道理。

可他根本不理这一套，咬紧牙关一个字——买！并且越哭越凶，最后，索性赖在地上不走了。这时，服务小姐及许多顾客都围了过来："现在都是独生子女，就给孩子买一个吧。"你一言他一语的，说得我真是尴尬极了，真想一买了之。可是一想起自己的计划，便又横下一条心：不买！我冷淡地对儿子说："你走不走？你真的不走？那我走。"我躲在楼梯口，很久才见儿子抹着眼泪跟了出来。

回到家里，我开始告诉儿子，他什么样的要求可以得到满足，什么样的非分之想会被拒绝。儿子似懂非懂地听着。

有了这第一次成功的拒绝后，我就继续进行我的计划，孩子的妈妈也和我站在一起，对孩子不合理的要求一律冷淡地拒绝。半年下来，孩子果然改变了不少，他的不合理要求、不良习惯少了，家长会上老师告诉我图图是个懂事又独立的孩子。

这位爸爸的教育方法是非常成功的，父母对孩子提出的不合理要求，冷淡地予以拒绝，正是对孩子负责任的表现，一味地言听计从，就是溺爱孩子、害孩子。

我们还常看到这样一些现象，有些父母，他们当时不迁就，可是经不住孩子的纠缠，或是由于心软，过一会儿又予以满足，这是最失败的。这样出尔反尔，定会让孩子产生这样的认知，即通过死缠硬磨的手段，无论什么样的要求都可以得到满足。也有些父母不注意相互之间的通气、默契，爸爸不迁就，妈妈却迁就了。又或许父母达成一致意见，爷爷奶奶却悄悄地予以满足，当父母提出批评时，老人又说这是他自己的积蓄，背后又在孩子面前唠叨。这样不仅会造成孩子心理失衡，误以为父母不疼爱他，说得好听，说什么事情做不到，其实可以办到，只是不愿意为自己花钱、着想。所以，提醒爸爸们一定要与家庭成员达成默契，共同引导孩子走到正确的道路上来。

让孩子在挫折中变得坚强

很多爸爸因为过分宠爱孩子，所以会对挫折教育抱半信半疑的态度，他们担心孩子无法承受挫折的打击，因此宁可小心翼翼地守护孩子。然而，我们能守护到几时呢？在我们生活的社会里，找不到一个没遇到过挫折的人，而且常常是受挫折越多的人越成功。因此，奉劝爸爸们，千万不要低估了孩子的承受力，适当地让孩子承受一些挫折，孩子会变得更加坚强。

班纳特已经 8 岁了，但还不能很好地照顾自己，上学时还经常忘记带午饭。这样一来，担心儿子挨饿的爸爸妈妈只好在百忙之中抽出时间来为儿子送饭。他们并不想总是这样做，爸爸曾几次提醒班纳特，但他老是记不住。后来，爸爸去向一位学教育学的朋友咨询，这位朋友给了他一个建议，那就是当孩子犯错屡教不改时，可以暂时不要去管他，让孩子自己尝尝错误的结果。

爸爸以前也曾想过这个办法，但总害怕班纳特会饿坏了，因此一直没有这么做过，不过这一次他和妈妈商量了以后，决定试一试。回家以后，爸爸把班纳特叫到面前，平静地对他说："班纳特，你已经上小学了，有些事情应该不用爸爸妈妈操心了。以后可要记着带午饭。爸爸妈妈每天都很忙，不可能老是给你送饭。今后，我们都不会再到学校给你送饭去了，如果你再忘记带午饭，那就只好饿着。"

班纳特点了点头。但是，这一计划开始实施的时候，却不是那么顺利，因为看到班纳特没带午饭，他的老师就借钱给班纳特，让他自己去买吃的。为此，爸爸又来到了老师的办公室，说出了自己的打算。老师赞同他的做法，答应不再借钱给他买午饭了，让班纳特自己去解决这个问题。不久后的一天，班纳特又没有带午饭，他向老师去借钱。老师看了看他，说："很抱歉，班纳特，我答应了你爸爸不再借钱给你，这个问题你必须自己解决。"班纳特给爸爸妈妈打电话，问他们谁有空来给他送午饭。但爸爸妈妈都提醒他遵守约定，没有答应他的要求。

最后，班纳特向同学借了一个三明治，但他还是被饥饿折磨了一个下午。他因此体验到了不带午饭会给自己带来什么样的后果。从那以后，班纳特再也没有忘记带午饭了。

在这个故事中，班纳特的父母因为担心儿子挨饿，常常跑去给他送饭，一再姑息班纳特粗心所造成的错误。如果事情一直这样继续下去，那结果会怎样呢？班纳特会认为自己有对好父母，是可以完全依赖的，因此以后他还可能会忘记带作业、带钥匙之类的东西，反正他需要的这些东西爸爸妈妈都会给他送去。令人高兴的是，爸爸终于改变了做法，他决心给儿子一点教训：他和妈妈不再给儿子送午饭，并阻止老师借钱给儿子。结果班纳特整整饿了一个下午，不过他再也不会犯忘记带饭这样的错误了。

让孩子在挫折中变得坚强，而不是让孩子在挫折中消沉、沮丧，教给孩子正确的做法，从而让孩子学会从失败和挫折中汲取经验教训，在不断地改变之中积累经验与勇气，这样看来，谁说孩子遇到挫折或经受一点失败的考验不是一件好事呢！

教育学家告诉我们，孩子对事物的反应很大程度上是受父母的影响的。比如在班纳特的例子中，爸爸妈妈一开始的做法实际上就是降低了孩子对失败与挫折的承受力。我们应当锻炼孩子有接受生活中的挫折和失败的勇气，而不是让孩子养成依赖别人的坏习惯。

很多时候，当父母的总是低估了孩子的承受力。认为自己的孩子还太小、太柔弱了，根本无法独立应对生活中的难题，父母的这种态度将使孩子形成对自己的错误认识和判断——我没有能力应付困难和挫折。另一种情况是，面对种种挫折和打击，如果父母不在孩子面前表现出对他的怜悯的话，孩子就不会对自己的处境产生错误认识，他们就能学会如何去接受失败和挫折，从而调节自己的情绪，找到解决问题的办法。

因此奉劝爸爸们，尽早树立这样的观念——不要认为孩子做过的任何事情都是失败的，要把我们的关心转变成对孩子的期望和激励，使孩子知道通过自己所做过的事情，得到了什么经验、学到了一些什么知识，这才是成功的教育。

爸爸应当锻炼孩子，培养他们自己接受生活中的失望及失败的勇气，而不是依赖别人，依赖于别人的怜悯，等待着父母来宽慰自己。如果我们不在孩子面前表现出我们对他的惋惜和怜惜的话，孩子就会学会如何接受失望的现实，调节自己的情绪，找到其他的替代。如果做爸爸的能够平静地对待这一失望的现实，对孩子施加好的影响，会使他们能够更容易地接受失望，迎接希望。

　　不要担心孩子对挫折的承受能力，培养子女对失败的坚忍态度，能在失败的泥潭中跃身而起的豪迈性情，是爸爸的重要职责之一。当然，在孩子受挫之后，我们要帮助孩子找到原因，乐观地弥补过错，不要给孩子留下任何阴影。

罚小错是为了免大过

　　有一句话叫作"星星之火，可以燎原"，一点小过错不断纵容，也会累积成大过。因此，爸爸在教育孩子时，一定不要纵容孩子的小过错，不然只会害了孩子。

　　有一种父母，对孩子的小过总是姑息纵容，如果碰上心情好的话，甚至还要表扬两句。等到孩子把小错变成大过时，他们就又变得异常愤怒，严厉地责罚孩子，这种教育方式也是极不可取的。

　　6 岁的小航总喜欢玩火，只要是与火有关的东西，例如火柴、打火机，甚至于家里的炉灶他都要去摆弄摆弄。小航的爸爸自己也喜欢各式各样的打火机，从气体、电子式到机械式打火机，甚至于还有古老的"火镰"……对于小航玩火的行为，父母从来没有给过任何处罚，他们觉得玩火也不是什么大错，看着儿子熟练地使用各种火机，小航的爸爸甚至还得意地说："瞧，我的儿子就是像我！"

　　一天，小航在家里玩一个爸爸刚买来的打火机时，一不小心把自己的帽子烧了个洞，脸上还蹭上了不少黑灰！小航的爸爸看到儿子的狼狈样，非但没有狠狠地教训他，反而笑得喘不过气……过些日子，父母带小航去农村的姥姥家，一不留神，小航居然和几个表兄弟一起玩起火来，不知什么时候开始，姥姥家的草垛已经燃起了熊熊大火！小航的爸爸跑来，怒发冲冠，拉过小航来就是一顿痛打。

在这个故事中，我们应当指责孩子不懂事吗？为什么孩子玩火得不到父母的约束、管制？难道当父母的就一点儿也不知道"玩火自焚"的道理？

为什么小航烧了自己的帽子，爸爸居然视而不见，还"笑得喘不过气来"，一点儿也没有当场处罚孩子错误的想法？

一个6岁的孩子还无法正确认识自己的行为，父母的纵容会让他以为自己的玩火行为是正确的。直到孩子一把火烧了姥姥家的草垛，当父母的才如梦方醒！

类似于小航父母的教育行为在生活中并不少见，也不知多少父母都是如此地处理孩子的过失行为——"小错嘛，哪个孩子没有？能将就过去就算了"；等到哪一次孩子犯的错误大了，父母就又觉得不把孩子狠狠地打一顿、骂一顿，简直不足以让他牢记教训。

殊不知，这样教育孩子的观点、行为都是相当错误的！这些错误的观点和错误的行为，当然只能收到适得其反的教育效果。

对于那些家有"玩火孩子"的爸爸，我们的忠告是：面对孩子的小错误，要立即纠正，正所谓"堵蚁穴而保千里之堤"。如果孩子犯下小错误，当爸爸的不能立即纠正，一旦孩子犯下大错误便后悔莫及了。爸爸们应该知道，尽管小孩的判断能力比不上大人，但是他们区别好与坏的能力还是有的。如果孩子犯了错误，在他的意识里，他会感觉到自己做了错事。此时，父母应当抓住孩子"我犯错误了"的心理，立即进行有效的教育和行为上的纠正，这样一来，孩子就不会再犯这类的错误。

另一种情况是孩子已经自觉到自己的错误，父母在旁严厉指责时，孩子原本就有的自省心又缩回去了，反而用别的理由强辩，如此一来，即使给孩子什么特别的提醒也徒劳无益。换句话说，当小孩犯下了一个很大的错误时，切忌在旁边气呼呼地指责、责骂，甚至于大打出手！最好先给孩子一些时间，让他冷静一下自己的情绪，过些时候再问他："那件事情怎么啦？""那件事你真是做得太过分了！"孩子因为在内心已经检讨过自己的缺失，因此会比较坦然地接受父母的意见。

爸爸们应该有所注意，与其等到孩子犯大错时又打又骂，还不如在孩子犯下小错时就立刻处罚。爱孩子就要想得长远，谁说处罚不是爱的表现呢？

更多地给予孩子精神嘉奖

其实，越来越多的爸爸已经意识到，运用鼓励的手段可以促进孩子进步。于是五花八门的"鼓励计"被用到了孩子身上，有些是精神上的，但更多的是物质上的。教育学家建议：教育孩子要以精神鼓励为主。

生活中，我们常看到这样的场景："儿子，这次你要能考一百分，爸爸就送给你一辆最棒的模型车！""你争气点儿，要是能进前三名，我就带你去游乐园玩！"这样的对话继续下去，若干年后，也许就会发展成这样："我要是进了前十名，你们怎么奖励我？""乖儿子，你要真进前十名，爸爸就带你吃麦当劳，随便你点！""没意思！我不吃麦当劳！我要耐克球鞋！""可是，你不是已经有一双了吗？""我不管，我就要！不给我买，我就……"多么可悲！鼓励变成了贿赂，孩子却反过来勒索父母，这就是滥用物质鼓励的结果。爸爸们要知道，奖励是对孩子行为的积极评价，是教育孩子的一种重要手段。奖励运用得好，不但可以增强孩子的自信心，而且还可鼓励孩子不断进步。但这种奖励孩子的前提却只能是"当孩子有了某种具体的、实质性的积极行为，而父母又希望孩子持续下去的时候，才给予孩子物质奖励"。那种随便许诺，张口就要请孩子吃麦当劳的做法，实质上不是在奖励孩子，而是明目张胆地贿赂孩子！

鼓励对孩子的促进作用是显而易见的，但爸爸们必须明白，对孩子的鼓励并非一定都是物质上的、金钱上的，精神上的鼓励更能让孩子感受到来自父母的温暖。

邓超中学毕业后，以优异的成绩考上了一所市重点高中。接到通知书的那一天晚上，邓超问爸爸说："爸，你和妈妈都答应过我，考上重点高中就给我个惊喜。怎么样？惊喜是什么呀？"

爸爸回答说："我和你妈妈对你的确有那样的承诺。原来的计划是要去北戴河旅游，但现在我们要和你商量一下，是否可以不去旅游，把那笔钱省下来，以你的名义捐赠给希望工程……"邓超对爸爸的提议有点犹豫，妈妈接着说："你能考上重点高中，我们都替你高兴！也觉得应当带你出去旅游一趟，表示我们的奖励。但我们慎重地想了想，觉得你刚上中学，今后的路还长着呢！

"尤其是想到我们自己的孩子能上重点中学，而一些贫困的孩子却连上学的权利都难以实现，因此……

"我们不强迫你，你可以考虑一下，哪个更有意义！

"好吧，我们还是省下钱来捐赠给希望工程吧。今后我还要帮助更多的人！"

这种精神鼓励是非常有意义的，它既包含了激励因素，又不会让孩子产生唯利是图的不良心理，对孩子的成长有利无害。

但儿童心理学家也指出，精神鼓励也要努力处理好方式方法，这样才能使鼓励发挥最大效用。那么，鼓励孩子进步时，我们应当记住哪些原则呢？

1. 对孩子的鼓励要有针对性。教育学家认为，如果父母的鼓励具有针对性，孩子们就能够学习到什么是好的表现，并将继续发扬这种好的东西。这就要求爸爸应该做到，只表扬孩子具体的好的行动，而不是随意表扬。比如，孩子在考试中得到好的成绩，有些爸爸会这样夸奖孩子："我早就说你是天才。"其实，这种鼓励对孩子来说只是一种负担，把孩子的成绩归结于孩子的天赋，而不是孩子的努力，有可能会泯灭孩子勤奋努力的精神。因此，这种随意的表扬是不可取的。

2. 对孩子的表扬应当实事求是，讲明道理。一个能大胆学习走路的孩子，第一次学习用筷子吃饭的孩子，爸爸对他进行表扬是恰当的。如果这个孩子都已经10岁了，爸爸还能去表扬孩子的这些行为吗？所以说，对孩子的表扬一定要切合实际，让孩子觉得爸爸的表扬是真诚的。

另外，在表扬孩子时讲明道理也很重要，让孩子知道这样做为什么是好的、对的，培养孩子判断是非对错的能力。

3.把握鼓励孩子的时机。当孩子第一次做出过去没有过的好行为时，要及时表达出高兴和赞赏，但是当孩子不断地表现出同样的行为时，就应该隔几次给一次表扬、鼓励，且间隔时间越来越长，不要每次都予以鼓励，这样有利于孩子好习惯的养成。

4.在孩子决心改正错误，或者已经改正了错误时，爸爸只要发现他们的优点或长处，都要及时进行客观的鼓励。尤其是对于那些意志薄弱、自制能力较差的孩子进行"及时鼓励"更见效果。这样做，可以帮助孩子摆脱自卑感，恢复自信心。

爸爸们要注意：太过注重物质奖励，会使孩子错误地把奖品当成追求目标，而适当的精神鼓励却更能满足孩子的荣誉感和自尊的需要。

严中还需有宽容

孩子往往会在自觉、不自觉中犯下这样或那样的错误。那么，爸爸应该如何教育这些犯了错误的孩子呢？前文我们有所提及，孩子犯错时，给予适当的惩罚是很有必要的，但是，我们也不能一味只想着惩罚，而应宽严相济，甚至可以用宽容去"惩罚"，这样的效果有时反而会更好。遗憾的是，很多爸爸遇到这种情况，第一个念头就是：严厉地教训他一顿，让他以后不敢再犯。而事实上，心理学家告诉我们，宽容孩子的过错才是最有效的教子方法。

不知爸爸们有没有听过这样一个寓言：

北风和太阳打赌，看谁的力量更强大。它们决定比试谁能把行人的大衣脱掉。

北风先来。它鼓起劲，呼呼地吹着，直吹得寒冷刺骨，可是越刮，为了抵御北风的侵袭，行人越把大衣裹得紧紧的。

接下来是太阳。太阳高挂在天上，轻柔温暖，行人觉得春暖上身，渐觉有点热，于是开始解开纽扣，继而脱掉大衣，太阳获得了胜利。

人们把这种以启发自我反省、满足自我需要而达到目的的做法称为"太阳效应"。太阳之所以能达到目的，就是因为它顺应了人的内在需要，使人的行为变为自觉。

"太阳效应"给我们的教育启示是：在处理孩子的错误时，宽容有时比惩戒更有效。

为什么宽容谅解会产生如此奇效呢？这是因为，当一个人不慎犯错时，首先他自己也会感到痛苦和内疚，孩子亦是如此。这时，他们最需要的是理解和信任。而宽容，恰恰能够给予他们这方面的满足，继而使人认真反省，痛改前非。

有这样一则故事，对爸爸们来说，应该是一种启迪：

一天，埃德蒙先生回家刚打开厅门，就听见楼上的卧室有轻微的响声，那种响声对于他来说太熟悉了，是阿马拉小提琴的声音。

"有小偷！"埃德蒙先生快速冲上楼，果然，一个十几岁的陌生少年正在那里摆弄小提琴。

他头发蓬乱，外套口袋还露出两个金烛台。毫无疑问他是一个小偷。埃德蒙先生用结实的身躯挡在了门口。

这时，埃德蒙先生看见少年的眼里充满了惶恐、胆怯和绝望。那不是一个孩子应该有的表情。

于是，愤怒的表情顿时被微笑所代替，他亲切地问道："你是埃德蒙先生的外甥尼克吗？我是他的管家。前两天，埃德蒙先生说你要来，没想到这么早就到了！"

那个少年先是一愣，但很快就回应说："我舅舅不在家吗？那我先出去玩一会儿，待会儿再回来。"埃德蒙先生点点头，然后问那位正准备将小提琴放下的少年，"你也喜欢拉小提琴吗？"

"是的，但拉得不好。"少年回答。

"那为什么不拿着琴去练习一下，我想埃德蒙先生一定很高兴听到你的琴声。"他语气平缓地说。少年犹豫了一下，但还是拿起了小提琴。

路过客厅时，少年突然看见墙上挂着一张埃德蒙先生的半身像，身体猛然抖了一下，然后头也不回地跑远了。

埃德蒙先生确信那位少年已经明白是怎么回事了，因为没有哪一位主人会用管家的照片来装饰客厅。

三年后，在一次音乐大赛中，埃德蒙先生应邀担任决赛评委。最后，一位年轻的小提琴选手凭借雄厚的实力夺得了第一名！评判时，他一直觉得这位选手似曾相识，但又想不起在哪里见过。颁奖大会结束后，这位选手拿着一只小提琴匣子跑到埃德蒙先生的面前，神情激动地问：

"埃德蒙先生，您还认识我吗？"埃德蒙先生摇摇头。

"您曾经送过我一把小提琴，我一直珍藏着，直到有了今天！"年轻人热泪盈眶地说，"那时候，几乎每一个人都把我当成垃圾，当您出现在门口时，我以为自己彻底完了，但是您宽恕了我，让我在贫穷和苦难中重新拾起了自尊，心中再次燃起了改变逆境的熊熊烈火！今天，我可以无愧地将这把小提琴还给您了……"

琴匣打开了，埃德蒙先生一眼瞥见自己的那把阿马拉小提琴正静静地躺在里面。他走上前紧紧地搂住了这个激动的年轻人，三年前的那一幕顿时重现在埃德蒙先生的眼前，原来他就是那个少年！埃德蒙先生眼睛湿润了，少年没有让他失望。

宽容，使埃德蒙先生成功地唤醒了孩子的良知，让孩子彻底改正错误，走上正途。这个故事应该让爸爸们有所感悟。

现实生活中，有些家长由于望子成龙、望女成凤心切，总是容不得孩子有过失、犯过错，认为必须严厉地教育孩子，才能使孩子改过。但他们不知道，这样做往往会使孩子产生逆反心理，一些孩子甚至就越骂越皮，干脆破罐子破摔了。因此，当我们的孩子犯了某种错误时，如果他自己对错误或过失的严重性已经有了较深的认识，深深地感到后悔和内疚了，这时，爸爸们不妨宽容一点，给予孩子足够的理解和信任，这样的教育方法会使孩子更好地反省自己，改正错误。

二

循序渐进，引领孩子更好地融入人群

"孤立的一个人在社会之外进行活动、生产，就像许多个人不在一起生活和彼此交谈竟有语言发展一样，是不可思议的。"一位哲人如是说。人，离不开与他人的交往。如果不与他人相互往来、彼此帮助和协作，任何人都难以生存。那么，孩子也需要培养社交能力吗？当然！事实上，社交恐怖症已经成为阻碍孩子正常心理塑造的一大障碍，影响了他们今后心理的发展！那么，你在孩子的成长过程当中，应扮演什么样的角色帮助孩子培养人际关系呢？知名心理学家 Ron Tafel 提醒，父母千万不要在孩子发生人际问题时就断下定论，而应从旁观察并适时给予指引，帮助孩子学习自己解决问题，让他们慢慢培养对于周遭事物的洞察力、自信心与社交技巧。

让孩子学会换位思考

有些孩子自我中心意识很强，常常不会为他人着想，也不会考虑他人的感受。那么，当孩子出现这样的情况时，爸爸应该如何正确地教育呢？

爸爸应该直接指出孩子的错处，反问他："那么，我以后也向你对别人一样对你。"让孩子自己思考问题所在。另外。爸爸要鼓励孩子多与外界交往，在交往中学习宽容、忍让。通过"换位法"引导孩子站在别人的角度去考虑问题，改变只顾自己，无视他人的坏习惯，克服狭隘、自私的思想。让孩子有与他人分享物品的机会，有团结互助的习惯，懂得互惠互利，多为孩子提供结交朋友和接触社会的机会，提高与外界的交往能力，这是避免和改变以自我为中心的行之有效的办法。

不知怎的，陈晓波越来越以自我为中心了。在学校里和同学一起打篮球的时候，晓波从来都是自己一个人带球，然后自己一个人上篮，不会想着和队友配合。如果别人稍微有一两个球忘记传给他的话，他就会发牢骚："怎么不把球给我？你们怎么能这样？"同学们都觉得晓波太自以为是了，渐渐地疏远了他。

在家里，要是一家人正在看电视的话，晓波绝对是把遥控器紧紧地握在自己的手里，而且找的节目都是他自己喜欢看的，他心里才不会考虑到爸爸妈妈是否也乐意和他看一样的节目呢。晓波觉得：反正只要我自己觉得快乐、开心就 OK 了，我才不会管他人咧！

这天，爸爸和晓波商量一件事。爸爸问道："隔壁小俊过些天要参加英语口语比赛，你可以把你的 MP3 借给他用几天吗？"

晓波大声地拒绝道："什么？凭什么把我的东西借给别人，那是我的。他参加比赛与我有什么关系？"

爸爸听罢，也故意夸张地回应道："与你有什么关系？那么，我以后也像你对别人一样对你，你觉得如何？"

晓波没有说话，脸"刷"的一下红了。

爸爸意味深长地说道："孩子，每个人都需要他人的帮助，不要只考虑自己的感受。若是只以自我为中心，那么，你会无意中失去很多很多的，好好想想爸爸的话吧。"

晓波惭愧地低下了头……

当然，这个毛病并非一朝一夕就能改掉的。所以，爸爸平时还要做到不娇惯、不溺爱孩子。在为孩子提供必要的物质条件的同时，还要培养他们艰苦朴素的生活作风，增强劳动观念，克服懒惰、依赖情绪。因为，优越的物质生活不仅容易使人消极、颓废、不思进取，而且容易使人变得贪婪、无休止地追求个人利益，所以培养勤劳朴实的性格是克服自我中心的关键所在。

首先，爸爸在和孩子沟通的时候，要跟孩子讲道理，要直指孩子做错的地方，谨记"以身作则"这个育儿要则。

其次，对孩子进行必要的"挫折教育"，使孩子在挫折中锻炼意志，提高自制能力。现在的孩子多半由于缺乏生活磨炼，社会经验不足，加上凡事都喜欢依靠自己的力量去完成，所以，常常是"不撞南墙不回头"。因此，人为制造一些困难和障碍，有利于他们在挫折中提高认知水平和社会适应能力。

多提供给孩子与人合作的机会

有人曾经问日本的一位小学校长："您办学最注重的是什么？"校长回答说："教育孩子理解别人，与其他人合作。在现代社会，如果不能与人相互理解和合作，知识再多也没用。"这位校长的话应该让爸爸们认识到，合作意识与合作能力是孩子的一项重要素质。

相信爸爸们都希望孩子能与人建立良好的人际关系，乐意与人合作。因为我们都明白，孩子若能与人一起朝向一个共同的目标努力，较容易适应各种转变及获取到较好的成果。然而，为何有些孩子可以主动与人合作，有些却不能？难道那些"独家村"的孩子太幼稚，仍未学会如何建立人际关系？事实上，问题的关键还在于父母的教育——一个人在童年时期没有形成与人合作的道德习惯和道德情感，待到他长大成人以后，便很难弥补了。因此，爸爸们一定要注意起来。

培养孩子的合作精神，家庭生活很重要。在家庭中，爸爸可以多创造与孩子合作的机会，如让他与妈妈一起做家务、带着孩子一起修理自行车等等。在与父母的合作中，孩子可以学到与他人合作的技能，在今后与他人的交往中能运用这些技能。对于孩子主动进行合作的行为，爸爸应该及时给予表扬。同时还要鼓励孩子多参加集体活动，孩子真正形成合作与竞争技能的时机往往是在与同伴们集体的活动中，如在学校的运动会上，为同学服务、加油等。

事实上，在这个时代，孩子们正承受着许多前所未有的压力和漠视，成人把一切对孩子的培育，大多都将专注点投射在其学业成绩，而忽视了处理孩子的各类情感需要，没有适时引导他们如何去调解与疏导不快的情绪。家庭是孩子学习与人相处的基地，疼爱孩子的爸爸们，不妨参考以下所提供的方法，以辅助孩子与人建立和谐的人际关系，与他人友好合作。

1. 爸爸要起表率作用。爸爸本身具备的品德，一般在孩子身上都可能找到。因此，爸爸首先要为孩子创造出一个良好的家庭环境。一个整天吵闹不休的家庭，是很难造就出一个具有和蔼品质的儿童的。爸爸对他人的热情、平等、谦虚等处世原则和行为，是孩子最好的直观而生动的教材，会在潜移默化中培养出孩子尊重别人、爱护别人、能与别人和谐相处的良好品性。

2. 提醒孩子凡事要想到别人。如果孩子自私自利，凡事都只想到自己，遇事就会斤斤计较，也难以与别人友好相处，又怎么能谈得上与他人合作呢？在孩子小的时候，爸爸不妨对孩子进行这方面的"分享训练"，如孩子手中拿着玩具时，爸爸可以拿另外的东西慢慢地递给他，从他手中取走玩具。通过这样反复训练，孩子便学会了互惠与信任。同时，适当地给孩子以引导，让孩子觉得分享对他来说不是一种剥夺，而是平添更多更新更好的机会和乐趣。

3. 要让孩子多参加一些集体活动，使孩子在集体活动中自觉地意识到与他人真诚合作的必要性。同时，要培养孩子在集体活动中做一个有责任感的人，做一个让人依赖的人。使孩子知道，一个人要想让别人依赖自己，自己必须言而有信，与人友好相处。应该注意的是，在活动中若自己的孩子与别人的孩子发生争执时，爸爸千万不要过早干预，在很多情况下，孩子会自己解决矛盾，从而获得与人相处的经验。

4.要教育孩子多关心父母、关心他人。一个学会关心他人的孩子，自然就能与别人合作了。另外，一定要鼓励孩子在平等的原则上选择朋友，教育孩子严以律己、宽以待人，不要轻易怀疑、怨恨、仇视他人，更不允许孩子欺负弱者，培养孩子善于同与自己意见不同的孩子合作。广泛的社交、和谐的人际关系，也是形成孩子与人合作能力的关键。

5.让孩子学会一些合作的技巧和规则。爸爸要让孩子明白在合作中既要尊重对方，服从大局，讲统一，又要有自己的立场。容忍和随和是有尺度的，也就是说在合作过程中，不能唯我独尊，只想自己，要充分顾及他人的要求与需要，哪怕必要时做出一定的让步和牺牲。但是，迁就与让步是有限度的，不是放弃原则，在合作中要有自己的立场与个性，要知道取得同伴的信任与尊重是合作成功的前提。

在当今社会，团队精神是一种优秀的品质，如果孩子具有团队精神，将更有益于他立足于世。因此，爸爸应该在日常生活中多给孩子合作的机会，让孩子在合作中获得团队精神。

引导孩子融到集体中去

成功人士善于合作，善于融入集体，因为谁都不可能是一座孤岛，一个人要取得成功，必须学会与别人一道工作，并能够与别人合作。未来的时代是一个注重集体主义，需要团队精神的时代。

可现在的孩子大多缺乏集体意识和团队合作精神。这样下去的话，孩子将来可能很难立足于这个社会中。

彼得大帝小时候十分喜欢玩游戏，尤其是玩军事游戏。可是，他是个皇帝，这就使得他有一种与生俱来的优越感。因此，在游戏中他总是做首领，总是无礼地指挥小伙伴们干这干那，有时还会随意打骂他们，致使小伙伴们总是躲着他。小彼得也感觉到了小伙伴们对他的疏远，但他搞不明白为什么，就去向他的爸爸请教。

爸爸听他说了自己的困惑，哈哈一笑，引导他说："你是不是希望他们可以和你亲密无间啊？"

"是呀。"小彼得一听爸爸一语中的，高兴地回答。"那你知道问题出在哪里吗？"爸爸进一步问。

"我就是因为不知道才来问您的。"彼得不高兴地回答。

爸爸说："虽然你是皇帝，但他们还是很愿意和你一起玩，只是你总是以皇帝自居，在游戏中没有礼貌地叫他们干这干那。你喜欢争强好胜是对的，但你总是利用你的地位来达到这一切就不好了。"

"他们原来是因为这个啊。"听了爸爸的分析，彼得高兴得一蹦三尺高。随后，他又为难地问爸爸："那我以后应该怎么做呢？"

爸爸看到小彼得诚心改过，也希望小彼得成为一位人人尊敬的好皇帝，就进一步引导他："首先，在游戏中你应当把自己当成他们中普通的一员，而不是什么皇帝，要平等地对待小伙伴们。你要学会融到集体中去。然后，在行动上对你的伙伴要讲理，有时也应听听他们的想法，不可无理取闹。总之，你要融到他们当中去，去体会和了解他们的感受和想法，去和他们合作，共同完成游戏，这样你就会从中学到很多东西。"小彼得点了点头。

就这样，小彼得明白了一个人只有融到集体中，才能得到充分的锻炼和发展。这也为他以后成功的人生打下了最坚实的基础。

彼得爸爸的做法非常值得肯定。那么，当今的爸爸们该如何培养孩子的集体观念，让他尽快地融入集体中去呢？

首先，要让孩子学会严于律己，与朋友建立友好、平等的关系。

其次，让孩子在集体中成长。鼓励孩子多参加一些集体的活动，只有在集体中才能真正切身体会到与人和睦相处、共同合作的好处。这可以让他意识到他人的存在，学习到与他人相处的经验。与此同时也培养了他的合作意识。要引导孩子体会到，自己需要只是家庭中、集体中的一个，更多的应该想到整个家庭、整个集体的需要。

此外，要在生活中，尽量给孩子创造多一点的锻炼机会。孩子在生活中学到的知识、培养的精神，都会渗透到他的性格中去，长大后会带入社会。一个懂得合作精神的人会很快适应工作岗位的集体操作，并发挥积极作用；而不懂合作的人在生活中会遇到许多麻烦，产生更多的困难，而无所适从。

例如，在家里要让孩子做些力所能及的事情——自己洗衣服，帮助父母干家务，等等。

为了让孩子尽快融到集体中去，爸爸还需努力培养孩子的谦让、忍耐精神。让他知道，在集体中个体只不过是一个微小的元素，在从事一些活动时要互助与谦让。

爸爸还要帮助孩子养成良好的沟通习惯，这可以利于孩子增进同学之间的友谊，发扬团结互助精神，相互关爱，加强集体凝聚力。

总而言之，爸爸一定要让孩子明白，自己的成长时刻离不开集体，所以，应该记住回报集体。

教孩子正确处理与小朋友的冲突

孩子们之间很容易发生冲突，产生矛盾，此时教育自己的孩子最需要的就是讲道理，而不是纵容。

我们先来看看下面的事例：

乐乐和青青都满 7 岁了，同上小学一年级。据老师反映，这两个孩子都属于个性比较强、不太听话、坐不住的那种类型。乐乐的个头虽然不高，但却十分调皮；青青个子高一点，但要比乐乐老实一些。平时两个人还玩得很不错的，虽然在一起时总爱小打小闹，但老师都能及时制止他们。

一天放学后，很多小朋友都想在学校中多玩一会儿，来接孩子的父母只好等在旁边。这时，突然从滑梯上传来吵闹声，正是乐乐和青青闹别扭了。

"我要先滑！"

"应该我先滑！"

只见两个人嘴里一边嚷着，一边互相推来推去，互不相让。乐乐虽然长得小，却一点不弱，一把将青青推到了旁边，自己先向下滑去。青青当然也不甘示弱，紧跟着滑了下来，在乐乐还没有站起来之前，撞了上去。这一撞把乐乐一下就撞到了地上，乐乐一边哭着从地上爬起来，一边就冲向了青青。于是，两人扭打在一块儿了。

乐乐爸爸看到自己的孩子被人欺负，一团火顿时从心中升上来，冲过去一把将青青拉开，凶狠狠地对青青说："你这孩子怎么这样没教养！把别人撞倒了不说，还要打人。真是的！"

青青看见大人显然吓坏了，怯生生地回答说："是乐乐先推我的。"

"你这孩子，小小年纪，打了人还要狡辩。怎么了得！"乐乐爸爸不依不饶。

青青的妈妈突然看见自己的孩子正被一个大人数落，心里很不是滋味，气愤地冲乐乐的爸爸嚷嚷："你这么个大男人，怎么跟小孩子一般见识，冲他嚷什么呀！"

"你眼睛长到哪里去了？没看见是你的孩子在打人吗？"乐乐爸爸横眉冷对。

"那又怎么样？怕被人欺负就不要让他出门啊！没素质！"青青的妈妈也不甘示弱。

就这样，为了孩子间的一点小打小闹，两个大人却在那里吵得天翻地覆的，把两个孩子吓得呆呆地站在一边不知怎么办才好。幸好几位老师及时来了，才将事情平息下来。当两个大人还在生闷气的时候，两个小东西却早已重新爬上滑梯，又高兴地一起玩起来了。

我们看，乐乐爸爸就是对孩子太溺爱了，这对孩子的成长显然是不利的。那么，我们该怎样教孩子正确处理小朋友之间的矛盾呢？

1. 以一颗平常心来对待孩子之间的冲突。

孩子之间是很容易起摩擦的，这不值得大惊小怪。爸爸妈妈不要对此斤斤计较，这样更有助于孩子间的友谊，促进彼此的了解，从而使孩子相互成为好朋友。如果问题比较严重，我们也只宜采取劝阻的方法，不要去添油加醋，促使矛盾的进一步恶化。最好能将自己的孩子带走，对他进行安抚及引导。

2. 正确诱导孩子的自卫心理。

小孩子在被人欺负后心里会很不舒服，就想立即讨回自己的不公，进而转化为动手。这是孩子的一种自卫心理，爸爸要让孩子树立自我保护的意识，但却要教育孩子不能动手打人，更不可主动去攻击别人。就像乐乐爸爸做得非常欠妥。当他看到儿子被撞后，不去安慰自己的孩子而是去责备别人的孩子。发生这种事情，不妨将自己的孩子拉开，问问他的感受或替他说出感受，让孩子明白爸爸是知道他的感受的。接着对孩子做出正确的引导，比如你可说："他撞了你，你很疼，那你打了他，他不也同样会很疼吗？"孩子从中找到平衡，很快就会将一切丢到脑后，愉快地玩耍了。

3. 让孩子意识到自己的错误，并主动道歉。

青青的母亲要做的就是要让孩子知道不管前面是谁先不对，但撞人本来就是不对的。就算是无意的，也应带孩子去向别人道歉。可以对孩子这样说："我知道不是你先动的手，可后来你却把人家撞疼了，这就是你的不对。去跟小朋友道歉，好吗？做好朋友不是更好吗？"这样孩子是会接受建议的。

4. 千万不可纵容和压制。

在处理孩子与孩子间的矛盾时，爸爸一定要注意方法，过于疼爱和过于严厉都是不可取的。因为对孩子的迁就与疼爱而去替他撑腰，很容易助长孩子的攻击性，使孩子养成欺负弱小的习惯。而对孩子太严厉也不能收到很好的效果。因为，孩子也有自己的感受，如果他得不到发泄，很容易造成心理扭曲，这样不仅伤害他们的自尊心，还让孩子没有自我保护的意识，从而变得胆小懦弱，并损害他的人格，导致他遇事不能自己处理。所以，爸爸们一定要注意把握一个度，让孩子的生理与心理都能健康地成长。

在孩子的择友问题上表明态度

孩子还小，可能会存在"交友不慎"的问题，但父母不能因噎废食，还是要让孩子积极参与到交往中去，但必须得让他们知道哪些朋友该交、哪些朋友不该交。如果我们对孩子的朋友某个方面很不满意，就应该当着孩子的面认真地说出来。当然，我们不必大喊大叫，而应坚持以清晰、严肃的态度告诉他，哪些行为是不被我们所赞成的。

詹姆斯有一个 5 岁的女儿索菲娅，有一次詹姆斯带索菲娅去海滩上游泳课，索菲娅和另一个小姑娘交上了朋友。她们玩得很快乐，最后那个女孩的妈妈邀请索菲娅去她们家吃午饭，詹姆斯也欣然同意了。

两小时后，詹姆斯到索菲娅的新朋友家接她的时候，不得不在门廊跨过一堆垃圾，尽管是个明媚的下午，孩子们却在起居室里无聊地看电视。母亲正忙着呵斥一个大点的孩子，父亲正在斥责母亲。詹姆斯道了再见，将索菲娅接上车，系上安全带。一贯听话乖巧的索菲娅一路上都在抱怨爸爸："你看泰密说话声大得能震破我的耳朵；泰密什么时候想吃零食她妈妈都愿意，泰密也可以一直看电视……"

詹姆斯听着索菲娅的这些唠叨，最后温和地说道："也许泰密的爸爸妈妈可以允许她那样，但我可不行。"

"你太蠢了！"詹姆斯第一次听到女儿这样说他，他简直有些震惊了，而一旁的索菲娅仍在不满地抱怨："你知道吗？泰密也不用系安全带。"

詹姆斯第一次遇到了这样的窘境：他的孩子已交上了他不喜欢的朋友。这使他不得不在两方面进行选择，一方面是孩子暂时的快乐，一方面是出于对孩子在道德、感情和生理上健康成长的关心。最终，詹姆斯选择了后者——告诉索菲娅，这样的朋友尽量不要与她交往。

孩子在相互交往中可以学到很多东西，爸爸应该尽力为孩子提供一个交友、择友的条件和机会。有的父母喜欢按照自己的意愿要求孩子去选择朋友，那样可能会给孩子带来心理上的压力，甚至引起孩子的逆反心理。当爸爸力图向孩子灌输好的择友标准时，也需要给孩子一点自由的空间，特别是对处于青春期的孩子。他们已有了较强的独立意识，与其强行干预，还不如适当提醒、引导更易见效。

如果孩子的朋友没有对孩子构成威胁，也没引导他做一些不道德或危险的事，爸爸就不必强制孩子与朋友断绝交往。如果爸爸发现孩子的朋友有一些不太好的性格和习惯，担心孩子受其影响，可以参与其中进行引导。比如，把孩子的朋友请到家里来，和孩子们一起做饭、做游戏、聊天，在与孩子们的交流中了解其朋友，并帮助他们分清是非，教给他们处理问题的具体方法；也可以和孩子们一起外出，参加孩子们喜欢的某些活动，如体育活动、郊游等，在活动中只要我们与孩子们真诚相处，孩子们会把我们当成大朋友，对我们无话不谈。

一位父亲说："几年前，我儿子要和一群孩子去参加北维蒙特的感恩音乐会，我想起自己像他那么大时参加这个音乐会的经历，知道那里很容易接触到毒品。其他孩子的父母没做什么考虑就让孩子去了，这更让我感到不安，但如果让孩子留在家里，他会非常难过。我唯一能做的就是在他出发前郑重地提醒他不要上当，结果他真的聪明地抵住了诱惑。他回来后非常感激我，说我的提醒使他有了思想准备。"

孩子需要拥有选择朋友的自由，但有时也期望父母介入其中，并且帮他们拒绝与那些不适当的朋友交往。一位爸爸回忆说："儿子布朗森 7 岁时，和邻居家一个同岁的孩子捷凯关系密切。捷凯是个粗鲁、不听管教的孩子，起初我给他们定一些规矩，但捷凯不能遵守，布朗森也说服不了他，我只好不让捷凯来玩了。刚开始布朗森有点难过，但我看出儿子有一种解脱的感觉，因为他知道我能帮他处理一些他不能控制的情况。"

有些孩子自身没有太多的问题，但他们的父母却有着不小的负面作用，比如有的父母吸毒、赌博等，使孩子在耳濡目染中深受其害。在孩子选择朋友的时候也要让他们学会关注朋友的生活环境，如果朋友父母的问题比较大，就需要做父母的出面干涉了。佛罗里达一个 10 岁女孩戴佳娜的爸爸说："实际上我挺喜欢布雷特的，每次他到我们家玩时一切都很好，但当戴佳娜去布雷特家时，他父母根本不约束孩子的行为。

他们经常恶作剧，朝经过的汽车上扔鞭炮，我女儿也参加。但我想她也害怕，因为她把这些事告诉了我，她还说布雷特的爸爸有一个没上锁的抽屉，里面全是枪。还能怎么办呢，我只好禁止戴佳娜再去布雷特家玩了。"

如果这位父亲没有阻止自己的女儿和布雷特交往，可能会产生不堪想象的后果。虽然这种坚决的制止会造成孩子的痛苦甚至反抗，但是作为父亲，我们必须与孩子一起面对这种棘手而又头痛的问题。爸爸们可以通过讲故事、讲事实的方式，晓之以理、动之以情，使孩子能够理解我们的态度和判断。孩子大多还是通情达理的，我们只要不操之过急，不脾气粗暴地训斥孩子，一般可以达到良好的沟通效果。

需要提醒爸爸们的是，如果孩子在择友方面遇到严重的困扰时，就需要请专业人员给予帮助了。判断孩子在交往方面是否有严重问题，主要标准是看他是否认为生活还充满希望，未来是否美好，如果这个问题的回答是正面的，那么这种积极的生活态度决定他不会做真正危险和破坏性的事。如果回答相反，则应该警觉起来，请心理医生或专业老师来解决。

总之，孩子择友也是对父母的考验与挑战，每个孩子有自己不同的性格、不同的环境、不同的办事方式，所以爸爸们要根据孩子及所选朋友的特点，采取不同的态度进行"干预"，或认同或引导，或提醒或阻止。

三

悉心诱导，帮孩子跨过厌学的泥潭

你的孩子厌学了，你为此几乎愁白了头，事实上你并不知道，几乎每个孩子多多少少都有些厌学情绪，这是可以理解的。但是，你不能因此放任自流，因为这种情绪会阻碍孩子学习的热情，给孩子的成长带来难以估量的影响。然而难题又来了，强制孩子学习也不是好办法，这只会加深孩子的反感，我们到底该怎样做？好爸爸的做法是：诱导孩子学习的兴趣，让孩子自动自发地学习。

培养学习能力是培养孩子的重要环节

培养孩子的学习能力，是培养孩子的重要环节之一。当今的社会，是知识和信息不断更新的社会，是一个每天都会有很多变化的社会，不善于紧跟社会学习的人，将被社会所抛弃。孩子是未来社会的主人，不善于学习的孩子，在未来竞争日益激烈的社会环境中，更是无法生存。

所以，培养优秀的孩子，就一定要培养他们的学习能力。

爸爸们可以回想一下，古往今来，凡是事业有成的人是不是都是善于学习并勤于学习的？

战国时期的名将田单，成名前是一位资历浅、爵位低、名气微的小官吏。但是，他酷爱并善于学习兵法，所以在日后燕兵伐齐的战争中，才能以奇计制胜燕兵，成为齐国军事家的后起之秀。

西汉的名相陈平，出生在一个贫苦的家庭，很小的时候便与哥哥相依为命。为了秉承父命，光耀门庭，他的哥哥不让他从事生产，只让他留在家里闭门专心读书。他不辜负哥哥的期望，也不计较嫂子的刁难，学习勤勉，而且得法，在当地传为美谈。

陈平勤奋学习的事情，感动了一位老者，老者慕名而来，免费教学。从此，陈平学习得更用功了。由于他善于学习，能够尽数消化老师所教，所以在日后辅佐刘邦的时候，才能够数出良策，几出奇谋，帮助刘邦争得天下。

爸爸们培养孩子学习，就得让孩子学会自学，因为善于学习的人，最大的优点就是自学。

中国工程院院士谭建荣，职位颇多，学位颇多，他所有的一切全凭善于学习而得。他说："聪明的人和笨的人有什么区别？聪明的人就是善于学习的人！"

谭建荣从没踏进过高中的校门，也没读过大学本科。他说："我初中毕业时正是'文化大革命'的时候，没书读了。所以16岁那年，我就进了湖州机床厂当工人。"他在工作之余并没有忘记学习，而是借高中课本来看；他背英语，读巴尔扎克和雨果的书，还写诗歌。当中央广播电大开始招生时，他还一口气学了机械工程和电子工程两个专业。

电大毕业时，他已升为厂里的技术员，然而就在此时，他直接跳过大学本科，报考研究生。凭着他的努力，3年后，他终于如愿以偿。

研究生毕业，谭建荣给浙江大学老师童忠钫写了一封求学求职信，说："能够进浙江大学学习和工作，那是我自幼以来的愿望。"他的诚恳打动了这位机械系主任，童忠钫接纳了他。两年后，谭建荣跨专业考上了浙江大学数学系博士；几年后，他"晋升为"博导；又几年后，他成为中国工程院院士。

谭建荣的奋斗历程，可谓是学习的历程，他的成功就在于他善于学习、勤于学习。

每个孩子的天资大抵是一样的，只是因为后天的学习，给予了他们飞翔的翅膀，才使他们遨游在了碧蓝的天空，那么爸爸们也给孩子一双善于学习的翅膀吧！

培养孩子的学习习惯，爸爸们应注意以下几点。

1. 切忌说教，注重一点一滴的养成。

有的爸爸认为，要求孩子好好学习必须经常讲很多道理，其实不是这样的。家庭教育要注重潜移默化。孩子良好的学习习惯依靠一次次的重复以成自然。浓厚的学习兴趣依靠一点一滴培养起来，令人乏味的说教会破坏适宜学习的气氛。所以，爸爸要学会说短话，保持正常的家庭气氛，让孩子感到平和、宁静、有安全感。

2. 切忌"轰轰烈烈"，注重循序渐进。

由于对孩子寄予很大希望，爸爸们容易制订过多的教育计划，抓紧一切机会和空闲让孩子学这学那，把家庭教育弄得轰轰烈烈，气势很大。其实，这是没有必要的。孩子的学习长达几年、十几年的时间，轰轰烈烈的气氛会破坏正常的学习进程，往往欲速则而不达。所以，爸爸们在制订教育计划的时候，一定要根据孩子的情况循序渐进，量力而行。春风化雨远胜过有头无尾的轰轰烈烈。

3. 切忌严厉，注重营造宽松气氛。

严厉的气氛并不适宜大脑思考，学习是大脑的活动，大脑如果处于恐惧和惊惶之中，是不可能出现积极状态的。有的爸爸在孩子做作业时，守在一旁，孩子稍稍做错一点，就厉声训斥，甚至一耳光打过去。这种紧张气氛使孩子恐惧，大脑的思考被严重抑制、扰乱，从而严重妨碍孩子的学习。

4. 切忌支配，注重让孩子自主学习。

爸爸要让孩子养成自主学习的好习惯，而不是每天放学回家，什么时候做作业，什么时候玩，一切的一切都得听从父母安排。这种绝对支配和被支配的气氛，对孩子的学习是不利的。比如一年级孩子刚上学，回家肯定要问家长："爸爸（妈妈），现在做什么？""爸爸（妈妈），我现在可以玩吗？"这时，家长要指导孩子学会自己安排学习和玩耍的时间。家长可以说："你能自己安排好吗？不会的爸爸（妈妈）帮你。"这样可以培养孩子的主动性，让他学着自己安排学习。

巧妙培养孩子的学习竞争意识

每个小男孩都想成为第一，他们什么都争第一，在学校学习争第一，放了学看谁跑得快，等等。

假如在生活中，一个人事事尽心尽力，从来不用别人提醒自己，就可以把事情做得很好。那么这个人具有很好的竞争意识。同样小孩子也是一样，要自己主动去学习。积极参加一些跟自己同龄人在一起的活动，这样不光能增加知识，还能促进自己的竞争意识。

俗话说得好："温室里长不出参天松，庭院里练不出千里马。"道理大家都懂，但真的要实施起来却不容易啊。现在的小孩子都生长在温室里，任何事都有父母给参谋。比如，学校组织了某项活动，还得回家问问爸爸，爸爸让参加就参加，完全处于被动状态，没有一点主动的态度。这样下去，不光不利于他们的学习，还会让他们形成做事不主动的坏习惯。

面对没有好胜心的孩子时，爸爸一定要有足够的耐心。培养他们自己做主的好习惯，可以告诉他们，对于自己想要的东西，喜欢的活动一定要去参加，最后的成绩是次要的，只要参加就很不错了。在维护自己的利益时，尽可能地不要去伤害别人，那样你将会被判出局。

琪琪从小就要强，基本上不让爸爸为自己担心，由于爸爸的特殊教育方法，形成了事事求上进、积极学习的良好态度。在琪琪上幼儿园大班时，他就是班里最积极的小朋友，园里有什么活动他都要参加。随着年龄的增长，琪琪就不再满足只是简单地参加活动了，他要做最好的，学习要好，比赛要拿第一。这也给他以后的成长带来了有利的条件。

有一天，爸爸来到琪琪的房间，琪琪正在认真地写作业。从小琪琪就是回到家就做作业，不用爸爸监督，给家里省了不少心。"儿子，写作业呢，快写完没？"爸爸说。琪琪："写完了。爸爸你有事吗？"爸爸又说："咱俩聊聊天吧，琪琪长大了，也比以前懂事了。现在学校的功课也多了，你感觉累不累？最近爸爸事情多，对你的学习和生活管得少了，你自己不要放松了，自己管好自己，好吧？"琪琪走到爸爸身边说："爸爸，你放心，我会管好自己的，我一定不能落在别人后面，我要在班里永远是第一。我这次考试双科都是第一，下次还会是我的。爸爸你就放心吧，我会管好自己的。""琪琪真是个好孩子，琪琪你这么做是对的，即使没有爸爸管，也要好好学习。天不早了，你早点睡觉吧。""嗯，好的，爸爸晚安！"

第二天，琪琪很早就起床了。爸爸看到了就问儿子："琪琪，今天是周末，你怎么不多睡会呢？""我想出去跑跑步，我们学校下周要开运动会，我报了长跑比赛，我得锻炼锻炼。"爸爸看到儿子如此积极，心里别提有多高兴了，于是决定跟儿子一起去跑步。父子俩一块儿出门跑步去了。跑了一会儿后，琪琪对爸爸说："爸爸，咱俩比赛吧，看谁坚持的时间长。"爸爸说："好啊，难得我儿子要跟爸爸比赛。"说着两人一起喊开始，父子俩就开了比赛。两人你追我赶的，谁也不让谁。毕竟爸爸年龄大，又好久没运动，不一会儿，就坚持不下去，停了下来。琪琪早跑得没影了。

爸爸沿着马路向前慢慢走着，隐隐看到一个人向自己这个方向跑来，一看是琪琪。"爸爸，你太慢了。"父子俩边聊天边往家走。突然琪琪问爸爸："爸爸，你觉得长跑有什么特点吗？"爸爸反问道："你觉得呢？""我认为，长跑不光速度要稳，还要能坚持，如果坚持不下来肯定不会赢的。嗯，就是这个，我一定要赢。"琪琪说。看着这样优秀的儿子，爸爸非常地开心，父子俩肩并肩向家走去。

　　终于到运动会的这一天，学校里到处都是彩旗，可见很重视学生的体育锻炼。在一群啦啦队演出后，运动会比赛项目一一开始。琪琪走到长跑区，准备开始。半小时以后，琪琪又一次出现在跑道上，向着前方的红色条幅跑来，越来越近。第一属于琪琪了。广播员播报："长跑第一名是某某班的琪琪同学，祝贺他。"

　　从小琪琪就信心十足，做事认真仔细，任何事他都抢着去做，是学校的优秀三好学生，他更是爸爸骄傲的儿子，这也归功于爸爸的教导。在琪琪小的时候，爸爸就经常告诉琪琪："琪琪，你是个男子汉，什么事都要尽可能地自己去完成，要好好学习，学习好了才有好的未来，你要比爸爸还要好。只要你积极主动学习，踏踏实实的，什么事都不难。你还小，有的是时间，只要不浪费时间就可以。"这些话时常激励着琪琪，所以琪琪就养成了积极主动的学习态度。

　　琪琪爸爸的做法也很好，他注意培养孩子的良好学习习惯。有一个好的学习习惯，那么他的人生也就成功了一半。好的习惯会使孩子在一个快乐的环境中学习，使他的学习效率更高。因此，爸爸们应该让孩子主动去学习，给他们制造一些快乐的环境。小孩子不喜欢乏味枯燥的环境。比如，一些学习乐器的小孩子，他们是觉得好玩才去学，觉得弹出来的音乐非常动听，一旦学起来，尤其是前期的指法学习，特别枯燥，一弹就是半小时以上，他们受不了就放弃了，而家长也不忍心孩子受罪就干脆不学了。这样是错误的，这样容易让孩子一遇到困难就打退堂鼓，永远没有积极克服困难的精神，最终可能会一事无成，所以请爸爸们狠心时则狠心，培养孩子主动竞争学习的习惯。

那么，对于老想打退堂鼓的孩子，爸爸们要怎样培养他们的竞争意识呢？

1.多多与"当事人"沟通。爸爸不上班的时候，可以多和孩子玩玩游戏，最好是带有一些竞争性质的游戏，这样在游戏中就能不知不觉地培养小孩的竞争意识，而且是非常省力的。孩子的各项能力都有限，具体的一些事情他们理解不了。爸爸可以用通俗的语言解释给他们听，但最后要他们来决定，这才能培养他们的主动性。

2.要把握合适的度，形成正确的竞争意识。有些人一味地想要成功，想要成为人上人，有时难免会走些弯路。比如，两个小朋友同时喜欢同一个玩具，但是这个玩具只有一个，然而两个人不想放弃，你争我抢，你推我，我推你，一会儿两人就打起来了，最后两人都很不高兴。所以，爸爸要培养他们更好地去争，让他们知道什么样的可以竞争，又要遵循什么样的竞争规范才不至于伤害到对方，这也是很好的学习。

3.细节可以打败一切，做事要认真踏实。提高做事质量，享受做事的过程。爸爸也是从孩童时期过来的，对孩子的内心相对比较了解，可以根据一些细节问题制订一个方案，和孩子共同来完成，避免使他们的积累过程过于简单。时刻记着提醒他们不要忽略了一些细小的东西，失败往往是某一细节出问题而造成的。帮助他们积累一定的经验，形成乐观向上的主动学习方式。

帮助孩子走出"成绩怪圈"

生活中我们会发现，很多孩子厌学是因为成绩差。成绩差给孩子带来了很多压力，孩子会怀疑自己的智商，担心父母责骂自己，这会使他们越来越讨厌学习，并且产生不安感。对于这种情况，爸爸们来"硬"的是没有用的，越骂反而会越糟糕。只有悉心诱导，宽慰和鼓励孩子，才能带孩子走出低谷，让他们忘记学习的烦恼。

有个孩子平时学习很努力，上课认真听讲，积极完成作业，但是考试时，同桌很轻易地就考了第一，而自己才考了全班第十九名。

回家后，他困惑地问爸爸："爸爸，我是不是个笨孩子啊？我觉得我和同桌一样听老师的话，一样认真地做作业，可是，为什么我总比他落后？"

爸爸明白，儿子的同桌给他造成了很大的压力。但是他不知道该怎样回答孩子的问题。

又一次考试后，孩子考了第十六名，而他的同桌还是第一名。回家后，儿子又问了同样的问题。爸爸觉得很苦恼，因为他不想说一些话来应付孩子，比如，你太贪玩了；你在学习上还不够勤奋；你和别人比起来还不够努力……因为他知道，像儿子这样脑袋不够聪明，在班上成绩不甚突出，却一直在默默努力的孩子，平时活得已经够辛苦的了。然而这个孩子却一天天消沉起来，他在学习时总是心不在焉，老师甚至反映说，孩子曾几次逃课。眼看孩子的厌学倾向越来越明显，爸爸决心为儿子的问题找一个完美的答案。

周末，爸爸带着儿子一起去看海，就是在这次旅行中，这位父亲解决了儿子的烦恼。

爸爸和儿子坐在沙滩上，海边停满了争食的水鸟儿，当海浪打来的时候，小水鸟总是能迅速地起飞，它们拍打两三下翅膀就升入了天空；而海鸥总显得非常笨拙，它们从沙滩飞入天空总要很长时间，然而，爸爸告诉儿子，真正能飞越大海、横过大洋的却是这些笨拙的海鸥。

爸爸又说，同样，真正能够取得成就的人，不一定是天资聪颖的孩子；而一直努力不断的孩子，即使天资不好，也一定能获得成功。

从那以后，这个孩子再也不为自己不如同桌而厌学了，也再没有人追问他小学时成绩排第几名，因为他已经以全市第一名的成绩考入了北京大学。

生活中，很多成绩差的孩子并不是不努力的孩子，因此不要看到孩子成绩糟糕，就对孩子横加指责。这样做不但对提高孩子成绩毫无助益，甚至还会起到反效果。在家长的指责声中，孩子就会认为"我是个笨蛋，怎样也不会成为父母期望的样子的"。于是他们就会陷入成绩怪圈：越考越差，越差越讨厌学习。

在这里，我们总结出几个帮助成绩差的孩子告别厌学情绪的方法，爸爸们不妨试一下。

1. 用小小的成功帮孩子建立信心。

明明读小学二年级，他不是个特别聪明的孩子，反应速度不够快，数学就是他最差的科目。别的小朋友可以轻松回答的问题，明明总要想上半天，因此明明越来越讨厌数学，在家里一让他做题他就说头痛。这让明明的父母也很烦恼，后来，爸爸想出了个主意：他找了几道简单的四则运算，从单位回来后告诉明明，这是二年级数学竞赛的题目，想让明明做做看。明明皱着眉头拿起笔，意外的是，20 分钟后自己竟成功地做出了六道题。爸爸高兴极了，他大声地告诉明明："你太棒了！简直是个天才，你怎么说不喜欢数学呢！看这几道题解得多好啊！""真的吗？"明明激动得小脸发红，他第一次觉得数学其实是很可爱的。

明明的爸爸灵活地诱导，激发出了孩子学习的兴趣，这难道不值得我们借鉴吗？心理学家认为，经常有意识地安排一些比较简单的题目让因成绩较差而厌学的孩子做，并及时给予褒奖、赞美，那么孩子的自信心自然容易建立，厌学的情绪必定也会得到改变。

2. 鼓励孩子重新振作精神。

天天垂着头回到家里，这一次又考砸了，看来一顿责骂是免不了了。爸爸接过试卷正要发火，来做客的舅舅却劝住了他。舅舅看了看试卷，温和地帮天天分析考试失利的原因，告诉他题目正确的解法，还鼓励天天说："天天，考场是最公平的，只要你多用功，它就会给你回报！我家天天这么聪明，只要肯努力进入你们班前三名肯定没问题呀！怎么样，努力给舅舅看看好不好？"天天开心极了，郑重地点了点头，那年期末考试，天天果然考了个第二名。

成绩差的孩子更需要家长的安慰和鼓励，爸爸们应适时地帮助孩子从失败和挫折中总结教训，在哪里跌倒就从哪里爬起来。这样才能使孩子重建信心，振作精神。

3. 给孩子找个榜样。

琳琳是个可爱的小女孩，爱唱歌、爱跳舞，可就是讨厌学习，老是这样怎么行呢？父母为此很发愁，后来她的父母通过与老师沟通，最终想了个办法：把她和班上的学习班长小西调到了同桌位置上。这下好了，琳琳这回可有时间向她请教学习技巧了。好在小西也是个热心肠，很乐于当这个小老师。慢慢地，琳琳对学习感觉也不再那么恐惧了，感到原来学习也这么有趣。终于，一次考试，琳琳考了个史无前例的第五名。琳琳在看到成绩时禁不住抱着小西欢呼起来："我终于考进前五名了。"从此，琳琳和小西也由两个本无交往的同学变成了无话不谈、形影不离的好朋友。

榜样的力量是无穷的，如果你多鼓励孩子和成绩优秀的同学交朋友，从他们身上学习良好的方法和思路，时间一长，孩子自然就会受其影响，改变厌学的态度。如果这个同学碰巧是孩子喜欢的人，那就更好了，这样将对他的影响更大。

厌学的孩子最讨厌的就是父母强制自己学习，这样做只会使他们对学习厌烦，充满敌意，对提高学习成绩也不会有任何帮助。因此，爸爸们要掌握孩子的心理，悉心诱导以激发孩子的学习兴趣和学习热情，一点点地提高孩子的学习成绩。

爸爸们应该明白，诱导、鼓励的力量远远大于批评和指责。在你要发火时不妨忍一忍，换一种方式看，也许你会给孩子和你自己一个惊喜。

玩中有学学中有乐

有厌学情绪的孩子，通常会把学习当作一件苦差事，甚至当成一种惩罚，如果爸爸们能够顺着孩子的脾气慢慢疏导，让孩子把学习当成一件快乐的事情，那么结果就会大不一样。教育专家认为，父母引导孩子将学习游戏化，就是非常有效的方法。

9岁的本是个很聪明的孩子，可就是对学习毫无兴趣，旷课、逃学都是家常便饭，打不听，骂不灵，父母、老师拿他毫无办法。有一天，本独自一个人在院子里玩耍，他从杂物箱中翻出了两小块磁铁，他将其中一块放在地上，一块握在手里，地上的那块磁铁一会儿被手中的磁铁推着走，一会儿又紧紧吸在一起。这时父亲走了过来："本，你知道磁铁的奇妙之处吗？""有什么不知道的，"本撇了撇嘴，"我用正面对着那块，那块磁铁就会被推着走，我把手中的磁铁转过来，它们就又会吸在一起！"爸爸笑了："你呀，还没弄明白呢！磁铁分为正极和负极，而且'同极相斥，异极相吸！'利用这个道理还可以发电呢！""真的吗？"本惊喜地问，"那我的这块是正极还是负极？为什么正极和负极就要吸在一起？"爸爸耐心地给本讲了一下午，并陪他做了很多试验。当本知道这都是物理学中的知识后，兴奋地告诉爸爸自己以后要做个物理学家。

在游戏中学习，在学习中游戏，这是一种很适合孩子的教育方法，对激发孩子的兴趣和求知欲大有好处。那么，怎样才能把学习游戏化呢？

1. 玩一些开发智力的猜谜游戏。

爸爸可以试着把孩子要掌握的知识编排到游戏中去，比如说游戏填空、成语接龙，等等。或者把知识编进谜语，让孩子猜，猜对了给予奖励，等等。在考试之前，爸爸还可以和孩子一起猜一猜"明天考试会出什么题呢？"孩子为了能够猜中，很可能就会扩大复习范围，提高复习的效率。从孩子的心理来讲，如果这次体会到乐趣，以后就会主动去猜题。孩子们渐渐地就会萌发好胜心，取得的效果也就更加明显。而且，讨论有没有猜中的过程，其实也起到了复习功课的作用。简单的猜谜游戏，却能够引导孩子走上爱学习的道路。

2. 老游戏有新用。

有很多人对于汉字和诗词的记忆都是得益于小时候玩的汉字卡片。甚至于成年之后，仍然能够听到上句，下句脱口而出。

如果只是背诵汉字、诗歌，当然不会留下如此深刻持久的印象。因为得益于游戏，才会很自然地刻在头脑中。

对于那些不喜欢背汉字的孩子，就可以把读音和笔画写下来，做成汉字卡片。另外，用扑克牌玩"24 点"等计算游戏，也是在学习算术。

3. 在找错游戏中培养孩子学习的兴趣。

在家长会上经常有父母提到自己家的孩子不读书、不看报，令人担忧。然而，这些不读书、不看报的孩子也对报纸上的找错游戏很感兴趣。这种找错游戏不仅登载在大人杂志上，在那些面向儿童的报纸、杂志上也几乎都毫无例外地登载着。这就证明，不仅大人们喜欢这种找错游戏，孩子们也很欢迎。而且，令人吃惊的是大人们需要一天才能解答的问题，孩子们时常当场就能找到答案。这大概是因为孩子们充满了好奇心，所以特别热衷于这种找错游戏。

爸爸们千万不要错过这个利用孩子好奇心的好机会。比如说，和孩子一起做习题集的时候，可以故意把答案说错几处。当发现这些错误的时候，孩子一定都很兴奋。如果孩子能够带着这种找错的热情把一本习题集从头到尾反复阅读的话，就会想做更多的习题集。

4. 拼图游戏寓教于乐。

瑞士著名的教育学家蒙特索利先生把世界地图做成拼图游戏，把这种方法当作激发孩子学习兴趣的第一步。孩子对拼图游戏天生有一种好奇，即使那些从来不看地图的孩子听说是拼图游戏，也都聚精会神地把打散的地图拼凑起来。那种情景无论是谁看到都会感到很惊讶。孩子们都喜欢游戏，特别是拼图游戏在世界范围内都大受欢迎，经久不衰。日本自古以来就有的"嵌绘"就属于这类拼图游戏。可见这种拼图游戏从古至今都是受欢迎的。

比如说，让一个对地理毫无兴趣的孩子来做本国地图的拼图游戏。虽然他对本国地图本身是不感兴趣的，但是他却会被游戏吸引。而且，孩子们都是完美主义者，即使有一块拼图没有拼装上去也会不高兴。当他完成整个拼图的时候，本国地图的全貌一定已经深深地刻在他的脑海中了。

5. 利用新颖的文具增加学习的乐趣。

要想把游戏的因素引入学习当中，当然要考虑到道具的问题。学习的道具是文具，游戏的道具是玩具。要想把学习变成游戏，就要选择玩具化的文具，或者文具化的玩具。现在市面上已经有很多类似的文具出售。比如，动物形状的带香味的橡皮、可以发声的图画书、结构复杂的文具盒、昆虫形状的订书机等各种各样的文具，数不胜数。这些生动有趣的文具，多少都会对孩子们的学习起到促进的作用。

6. 让孩子跟自己玩个竞争游戏。

孩子总是争强好胜的，在做题的时候，让孩子把自己当对手，爸爸为他记录一下半个小时做了多少道题，再让他不断挑战自己的纪录，如果挑战成功的话就给孩子一些奖励。这样一来，孩子的学习热情就会被调动起来，学习的效率也会大大提高。

在学习中添加游戏的因素，可以改变学习在孩子心中的印象，让学习变得生动有趣，不过要注意，这是一个渐进式的过程，爸爸们一定要多点耐心才行。

培养孩子学习时候的专注力

专注力是提高孩子学习成绩的重要秘诀，如果孩子学习经常开小差，总是三分钟的热度，他就不可能取得好的成绩。

有个非常聪明的小男孩，上小学三年级，可是做什么事情老是不专注、坐不住，学习上也是如此。

上课时，本来在好好地听课，可是当窗外的杨树叶被风吹得沙沙响时，他便扭头向窗外望去。自习课做作业，他时不时地想着下课，去和大家做游戏……

放学回家后，书包一扔，一下子扭着屁股，一下子跳上沙发……该做家庭作业了，谁知他又搬出一大堆的玩具来玩，还不时地捉弄一旁的弟弟……由于他学习没有专注力，成绩怎么也提不高。面对这样的孩子，爸爸妈妈伤透了脑筋。

专注力对于孩子的学习是非常重要的，专注力不强，学习质量难以保证。只有在学习中保持很好的专注力，孩子才能取得良好的学习成绩。所以，爸爸们想要提高孩子的学习成绩，那么就要悉心培养孩子学习的专注力。

小明在课堂上注意力不集中，思想容易开小差。如老师讲课时，他的思路并没有跟着老师，而是想着头天晚上看过的动画片，想着下一节是体育课就可以打球；有时他坐在座位上发呆，连老师的提问都没听到；有时朝周围的同学做小动作，影响了别人的学习。老师的批评教育对他效果不大，便把这件事反映给了小明的爸爸。

小明爸爸收到老师的反馈信息后，在和小明的沟通中，发现小明上课之所以总是走神，是因为在作文竞赛中，没有取得好的名次，而觉得自己不如人。他就这一情况有针对性地向小明讲了失败一次并不等于永远失败的道理，同时，还告诉小明要以平常心面对学习中的得失。另外，他还买来一些名人的传记给小明看，并告诉小明许多伟人、名人遭受过挫折，但他们能从挫折中很快地站起来。

在爸爸的正确引导下，小明终于走出了挫折的阴影，他上课再也没有走神，思想也不再开小差。由于学习时集中了注意力，经过一段时间后，小明的成绩有了明显提高。

造成孩子学习不能专注的原因有偶然性因素和经常性因素。比如，和同学们有了矛盾或身体不适等情况造成的上课状态不佳，属于偶然性因素。经常性因素则是由于孩子的注意力不集中造成的，如缺乏认真学习的态度、厌学情绪、对某一种事情不喜欢等。爸爸们应根据具体情况，分析出孩子学习不能专注的原因，对症下药，及时帮助孩子改正缺点。

爸爸们培养孩子的专注力，可以参考以下做法：

1. 视觉注意力训练。

让孩子看一些照片或图片，并提出一些问题，比如给孩子看一张照片，让他说说照片里都有什么人，几个男的、几个女的、几个大人、几个小孩，他们每个人都在干什么等。让孩子观察的东西要不断地变换，不然他就会没有兴趣了。

2. 听觉注意力训练。

给孩子讲故事，故事讲完之后要提问题让他回答。如果能够在讲故事之前就把要问他的问题提前告诉他，效果会更好。

3. 动作注意力训练。

通过让孩子完成特定的动作来达到训练注意力的目的。比如教他做一些体操动作、舞蹈动作或一些游戏动作，都能达到这种效果。

4. 混合型注意力训练。

实际上就是把眼睛看、耳朵听和动作结合起来，既训练了视觉、听觉，又训练了动作。这种训练难度大，可以边说边示范给孩子看，让孩子跟着做，比如说出一种行动，让孩子表演出来等。

四

细心疏导，从容解决那些棘手的问题

为什么是这样？孩子刚出生时，我们内心是多么喜悦和骄傲啊，可是，为什么现在心头肉变成了"心头刺"，无比开心变成了无尽闹心？事实上，这是因为你不懂孩子，不懂孩子，就培养不好孩子！爱孩子是一种本能，连动物都会，但如何去爱，却是一门深奥的学问。我们理所当然地以自己的观点来要求孩子，于是，许多家庭冲突、闹心事件就不可避免地发生了……其实，每个孩子内心都有一扇门，你只要找到打开孩子心门的钥匙，那些棘手的问题就会迎刃而解。

及早做好性别角色教育

孩子都是属于一定的性别，可是有的孩子对自己的性别不认同，这就是性别偏差。如果孩子很小，爸爸们不必为此担心，因为孩童时代的性倾向是没有定型的。关键是要及时发现，对孩子进行性别角色教育，及时加以矫治，不管孩子的性别角色偏差多么严重，都是有可能纠正的。

由于小时候的家庭缺陷或教养方式欠妥，有的孩子经过长期地潜移默化，性别角色就可能产生偏差。例如，没有父亲或父亲长期不在家的幼儿，由于缺少男性榜样，会出现对女性的爱好倾向和行为。再例如有的男孩与母亲，或女孩与父亲关系过于密切，这些孩子在身心上对异性父母常常会产生过分依恋，而不愿接受应有的性别角色行为。比较常见的情况是，父母双方都希望有一个女孩，所以从小就把自己的男孩当作女孩来教养。这种性别角色偏差一旦形成或者定型，要改变过来还是有一定难度的。

心理学上所谓的"俄狄浦斯情结"与这种性别偏差有些关系。

世界级的心理学家弗洛伊德认为，幼年期的孩子对异性父母都会产生眷恋现象，这是人类普遍存在的特征之一。他用古希腊悲剧中的人物俄狄浦斯王无意中"杀父娶母"的故事，把这种现象称为"俄狄浦斯情结"。

如果"俄狄浦斯情结"得不到妥善的解决，这种带有强烈情绪的、未得到正常解决的"乱伦性爱恋"也会被抑制，但是，它总是隐藏在潜意识中，成为一个不停地要求满足的潜在力量，成为以后神经症和心理变态的根源。这就是"俄狄浦斯情结"。

更为复杂的情况是，孩子由于对同性父母产生"爱恋"而忌妒异性父母，就会产生"负性俄狄浦斯情结"，这种"情结"如果得不到正常解决，冲突就会滞留在潜意识中，成年之后就很容易成为同性恋者。

因此，爸爸们应当重视起对孩子正常性别角色的教育，因为这是个体成长的一个重要环节。那些把孩子当成另一性别来教养的父母是不明智的，这样就有可能造成孩子喜欢穿异性服装、同性恋或要求做变性手术等后果，给孩子带来精神上的痛苦和心理上的压力。

判断孩子是否存在性别偏差有以下几个标准，爸爸们需要去了解一下。

1. 如果孩子在言谈中总表露不恰当的性别角色，就应该引起爸爸足够的重视了。例如男孩子常常说"我是个女孩"，"我长大要当妈妈，也要生孩子"等。

2. 如果孩子坚持要穿异性服装或者对异性的服装特别喜欢，这可能说明孩子很可能有性别确认上的问题。

3. 在游戏当中，如果孩子总是喜欢扮演异性角色，对异性的游戏和玩具等很感兴趣，总是喜欢参与异性活动，那么也可以看成性别角色偏差的信号。

4. 如果孩子在言谈举止、姿态声音、行为等方面都有异性化的倾向，而且在父母等人的反对之下仍难以纠正，那么爸爸妈妈就应该请专家鉴别一下孩子是否有性角色偏差了。

发现孩子出现性别偏差是一件让人焦急的事情。但是，儿童心理学家研究表明，只要父母引导得法，注意改善环境条件，在孩子 4 ~ 12 岁期间，经过努力性别偏差是可以矫正的。教育专家建议，父母可以采用以下方法进行纠正。

1. 要特别注意培养孩子与同性父母的亲密关系。

父亲应该常常陪儿子玩，母亲要经常单独与女儿在一起。如果家里缺乏同性父母起榜样和引导的作用，可以找一个与孩子同一性别的直系亲戚、朋友或家庭教师来对孩子施加影响。多跟同性的成人在一起做游戏或有兴趣的活动，会使孩子受到感染并出现模仿同性成人的行为。另外，让男孩子看一些男英雄的书，让女孩子看一些仙女的书，都会对孩子的性别角色矫治有所帮助。

2. 应该及时鼓励孩子表现适当的性别角色行为。

例如，对娇弱的男孩，要经常表扬他做爬山踢球之类体力活动和勇敢行为，经常夸奖他是个"好小伙子"，希望他成为一个"小男子汉"。特别是孩子表现得像个男孩子的时候，这样的表扬和鼓励就会发生很好的作用。这些鼓励可以是"口头表扬"，也可以是"物质刺激"，比如可以奖给儿子一把冲锋枪，奖给女儿一个布娃娃等。

3. 父母对孩子不当的性别角色行为要表示明确反对。

除了偶尔的表演行为，对自己孩子的不当角色行为，父母即使不明确地进行反对，也应该采用冷淡的态度，让孩子感到自己的表现不正确，父母等人对此没有什么兴趣。

当然，父母对孩子的性别角色行为过分敏感也是不必要的。例如不必禁止男孩从事艺术活动而逼迫他参加竞争性运动，也不必阻拦女孩"玩枪弄棍"而只能抱着洋娃娃过家家等。心理研究认为，健康的人格兼有男性特质和女性特质两个方面，具有综合性心理的人才能更为灵活自如地表现自我或适应外界环境。

总之，孩童时代的性倾向是没有定型的，爸爸不要为此焦急不安，只要能够重视孩子的性别角色教育，及时发现可能发生的问题，并及时加以矫治，不管孩子的性别角色偏差多么严重，都是有可能纠正的。

青春期的叛逆宣告着渴望独立

　　叛逆就是反抗，叛逆就是奋争。处于青春期的孩子，由于他们对万事万物渐渐地有了自己的想法，有了自己的主见。所以，他们总觉得，长期以来，父母与师长对他们灌输的思想与理念，竟然有许多地方是"不对"的。于是，他们就滋生了叛逆的心理，希望能得到家人与外界的认可。其实，叛逆并不是什么大不了的事情，它不过是孩子渴望独立的信号，是一种希望得到认可的方式。

　　"唉，这孩子，为什么越来越不听话了？""现在的孩子没法管了！……"这是许多父母经常发出的感叹之言。是的，孩子的叛逆是现在许多家长十分头疼的事情。许多家长总是很诧异，为什么孩子在小的时候吃饱喝足了什么事也没有，孩子越大，满足得越多，孩子的要求也越多。到了一定程度，只要稍微不满足孩子的要求，他们就跟父母对着干，无论怎样教育，都毫无成效。这是什么原因呢？

　　其实，当孩子从懵懂无知的孩提时代进入青春期后，最明显的标志就是独立意识的增强。孩子的叛逆心理也并非像我们所想象的那样——故意和父母对着干，也不是孩子越大就越不听话了。从某种程度上来讲，孩子的叛逆行为，其实也是一种渴望独立的信号。

　　到了这个时候，他们不再对父母的话语"唯言是听"，而是渐渐地有了自己的想法，并能根据自己的经验作出相应的判断。这时候，如果爸爸们不懂得及时沟通，及时了解，仍然凭借自己的人生经验，依照自己的想法去教育孩子，把他们当作一个什么都不懂的人，就很容易使孩子听不进去，也很容易使孩子滋生逆反心理。从而使矛盾不断升级，变成和父母对着干了。

一个刚满 17 岁的孩子洋洋，正在一所重点中学读高三。为了使洋洋能考上理想的大学，有一个锦绣的前程，洋洋的父母为孩子找来了三位辅导老师，分别对洋洋的"语数外"进行课外辅导。谁知，洋洋根本不听话，每当辅导老师登门授课时，他就对辅导老师爱理不理的，有时甚至连招呼都不打，就跑到外面上网去了。弄得登门的辅导老师来过几次后，就再也不愿意来了。眼看高考即将临近了，洋洋的爸爸开始苦口婆心地劝导他。

"你能理解父母为你请辅导老师的用心吗？"洋洋爸爸问道。

"这还用说吗？当然理解，只是不想说出来而已！"洋洋回答。

"那你为什么对辅导老师，这么冷淡呢？"

"因为我已经长大了，我有自己的学习计划，有自己的学习方法，干吗还要把我当作小孩子一样呢？"洋洋反问起来。

……

面对孩子的问话，洋洋爸爸无言以对。

洋洋已经 17 岁了，虽然不是特别成熟，可他已经是一个能够独立思考的人了，如果做家长的还把他当成一个需要随时呵护的人，那么，孩子肯定受不了。

由洋洋的案例我们可以看到，很多孩子的家长由于历史和家庭条件的限制，很多愿望不能完成，因此他们把所有的希望都寄托在了儿女身上，全心全力地想把他们打造成琴棋书画样样精通的全能人才，应该说，家长总是想把孩子纳入自己所设计好的轨道。而当家长的以成人化的理念和要求与孩子的想法以及目标相逆时，便会产生碰撞。然后家长就认为是孩子在学"坏"，孩子变得叛逆，却不承想，孩子是想有自己的主见。

对于孩子青春期的叛逆，爸爸们需要正确对待，而不是一味地以家长的姿态压制他们。以下是我们给大家提供的一点建议，爸爸们请借鉴一下。

1.让孩子学会自我调节、合理宣泄不良情绪。

爸爸可以让孩子找要好的朋友或亲人尽情倾诉，或是让他用积极的情绪代替消极情绪，另外还可以用优美、轻柔的音乐来感染孩子，从而使他的情绪得到调节。

2.要摸清原因对症下药。

孩子叛逆是有原因的，根据孩子叛逆的原因对症下药，会起到很好的效果。若孩子对某人或是某事偏见、有畏难心理，爸爸要帮助孩子找回自信。

3.正确对待孩子的"个性独特"。

孩子想做"个性独特"的人，这是非常好的，但是爸爸要告诉他，在学习的初级阶段，全面发展是非常重要的，"个性独特"只能建立在全面发展的基础上。

耐心疏导化解逆反

通过前文的学习，我们知道，青春期逆反心理其实是一种渴望独立的信号，但是这并不是说，对于孩子的逆反心理与逆反行为我们就可以忽视，因为听之任之很可能会使孩子形成病态人格，但如果对其粗暴制止或强行压制，就会加剧孩子的逆反，将他们推向另一个极端。所以爸爸们只能耐心疏导，才能解开孩子心中的"疙瘩"，消除孩子的逆反心理。

李楠今年14岁，从小就很聪明，也很听爸妈的话，可近来变化较大，凡事总爱与父母顶嘴，自作主张，有时还偏要同父母"对着干"。例如，小学毕业后，爸爸为李楠选择了就近的一所重点中学作为报考志愿，而李楠偏挑选了一所离家较远的中学。他不是喜欢路远，而是有意与家长闹别扭。李楠有鼻炎，妈妈配了滴鼻药水，他却有意把瓶摔了；妈妈问他考试成绩，他故意说不及格；爸爸平时工作忙，找机会想跟李楠聊聊，他却把爸爸拒之门外……爸爸妈妈十分焦急，不明白李楠为什么突然这么不听话，他们一时不知如何是好。

所谓"半大小子，气坏老子"，随着孩子一天天长大，做父母的烦恼也就越来越多了，总觉得孩子越大越不听话、越难管教。于是，家长们想尽了办法，最初是忍让，然后是哄劝，接着就是打骂，等这些办法都没用时，一些家长就灰心、放弃了。

陆伟是个15岁的孩子，是家中的独生子，是父母头痛的根源。据爸爸说，陆伟在上中学以前原本是个不错的孩子，学习不错，是体育委员，老师还说陆伟脑瓜灵，是大学的苗子。可现在——现在整个儿就是一个小混混儿：头发染得五颜六色，抽烟，逃课，甚至还交了一个女朋友，父母痛心极了，就算是青春叛逆期吧，可自己也没少管孩子，怎么越管倒越糟了？后来陆伟的爸爸带着陆伟去看心理医生，在心理医生的引导下，陆伟终于说出了自己的心里话："也不知道为什么，反正上中学后，我就觉得很烦躁，看什么都不顺眼！偏偏爸妈还把我管得更严了，处处限制我，我又不是小孩了，有些事情我讨厌他们管我。可他们却骂我学坏了，不让我交女朋友，不让我和不三不四的人来往，让我好好学习……我才不听他们的呢！他们让我怎么干，我偏反着来。"说到这里，陆伟甚至得意地笑了笑，"好了，现在我变成坏孩子了，让他们再管我，再骂我！"

美国 20 世纪 60 年代嬉皮运动的口号之一是："如果吃药违法，我们早就吃了。"这句口号反映出了逆反期孩子的一种典型心态：和一切正统的东西对着干！而这一时期的孩子最反感的就是父母粗暴的压制，他们甚至会为了反抗父母的压制，故意走上邪路，就像上个故事中的陆伟一样。

那么怎么办呢？教育学家认为，与其"堵"，不如"疏"，只有悉心疏导才能化解孩子的逆反心理。逆反心理总是伴随着一定不愉快的情绪体验，因此先要"疏流"，然后才能"改道"。首先，爸爸应主动与孩子建立良好的关系或改善原有的不和谐关系，以赢得孩子的信任，注意——真诚、尊重是与孩子交谈和沟通的前提；其次，爸爸要学会倾听，用同理心去考虑孩子面对的问题，注意——这个时候并不需要对孩子的情绪进行逻辑分析，也不需要侃侃而谈教育大道理，鼓励和引导孩子毫无保留地说出自己的看法和感受，是改变认知偏差的前提，认真地倾听孩子的感受，不仅有利于孩子敞开心扉，缓解情绪压力，而且有利于尽快找到产生逆反心理的"根源"。

另外，爸爸们也可以在孩子面前承认自己也曾有过偏执、怨恨或古怪的言行，有意识地自我表露，这样可以拉近与孩子的心理距离。当孩子觉得自己不能被人理解时，爸爸可以适当地透露自己也曾有过类似的感受或体验。这样有助于有逆反心理的孩子解除心理防线，共同找到解决问题的办法。

总而言之，爸爸们应该认识到，对孩子的逆反，既不可过度压抑，又不可放任不管，只有抓住孩子逆反的根源，耐心疏导，循循善诱，才能把孩子引导到正确的人生道路上来。

驯化家中的"小霸王"

现在的孩子大多数是独生子女，从生下来的那天起，就生活在父母的百般呵护中。什么事家长都由着他，时间一长孩子就养成了在家独霸的坏习惯，以至于孩子在外面和小伙伴玩的时候，也是霸道得厉害。甚至当他长大了，也是某街某巷的霸主。

有个小孩从小就非常霸道，经常抢邻家小孩的玩具玩，占着一个还要抢另一个，别人的新玩具十有八九被他抢过。根本不管对方是谁，即使比他大比他强，也是照抢不误。

有时他还打人，一不顺意就打人，打了人见别人哭，理也不理。长时间下来，所有小伙伴都不愿意和他玩了。

当他长大成人了，更是霸道至极。和别人共事的时候，总是别人干得多，甚至自己干脆不干。看了这人不顺眼，不是横眉冷对，就是拳脚相加。到了后来，都没人愿意和他共事，甚至连理都不理他。左邻右舍见了他，还得躲着，要不然看到他那个霸气样，心里还直打哆嗦。

由此可见，从小就被娇惯的孩子，一旦养成了霸道的坏习惯，那他这一生不仅害人而且害己。

因此，培养孩子，就要培养孩子和别人友好相处。也只有让孩子和别人友好相处，别人才乐意和孩子往来，那么在孩子需要别人帮助的时候，别人也才会乐意帮助。

在这方面，爸爸们可以参考以下几点。

1. 要给孩子树立榜样。

家长是孩子模仿的对象。家长待人接物的态度和方法也会反映在孩子身上。如果父母能与家里的长辈、同辈相处融洽，能与邻里搞好关系，这就为孩子树立了很好的榜样。因此，爸爸首先要能与家长、邻里、同事搞好关系，对孩子的小伙伴要热情、尊重。

2. 鼓励孩子多串门。

多让孩子串串门，可以使孩子变得开朗、合群。孩子在串门的过程中可以逐渐学到很多待人接物的态度和方法。当然，对孩子串门的时间、地点和礼仪规范，爸爸要给予及时的指导。

3. 教育孩子要平等待人。

同伴之间的交往原则是平等。如果孩子在与人交往时太霸道，处处只考虑自己，不考虑别人，那么，别的小朋友就会疏远他、孤立他。而孩子霸道的性格往往是在家中形成的，因此，爸爸在日常生活中要教育孩子多为别人着想。比如，吃饭时，不要将自己爱吃的菜端到自己旁边独占；家中有人生病时，爸爸要提醒孩子不要吵闹，为病人着想。教育孩子适当地为别人着想，可以减少孩子一切以自我为中心的现象。

4. 用民主的方式教育孩子。

成长中缺乏父母之爱和家庭温暖的孩子在成人后很容易形成破坏性、攻击性的性格倾向，家长教育孩子的方式也往往被孩子仿效。因此，孩子怎样与同伴交往常常是父母对待孩子的态度、方法的反映。爸爸最好用民主的方式（如听孩子合理的建议、给孩子讲道理、参与孩子的活动等）去教育孩子。

爸爸要告诉孩子：我是大海中的一滴小水珠，有我和我的伙伴，才能形成汹涌澎湃的大海；我是高山上的一棵小草，有我和我的伙伴，才能形成翠绿的山川；我是集体中的一员，有我和我的伙伴，才能形成和谐、温暖的集体。